42

Matt Summerfield
Pete Gilbert

Addasiad Cymraeg:
Arfon a Tudur Jones

42 diwrnod i fynd i'r afael â dilyn Iesu...
ac yna ei basio ymlaen.

Testun gwreiddiol Saint y Gymuned © 2015

Cyhoeddwyd gan Gyhoeddiadau'r Gair © 2017

Cyhoeddwyd yn wreiddiol dan y teitl
'42'
gan Verité ar ran Matt Summerfield a Pete Gilbert
Verité CM Limited, Uned 2, Martlets Way,
Parc Busnes Goring, Goring-by-Sea,
Gorllewin Sussex BN12 4HF
www.veritecm.com

Testun gwreiddiol © Matt Summerfield a Pete Gilbert
Addasiad Cymraeg © Arfon Jones a Tudur Jones

Golygydd Cyffredinol: Aled Davies
Golygydd: Gruffydd Davies
Cysodi: Ynyr Roberts

ISBN: 9781859948439

Argraffwyd yn yr Undeb Ewropeaidd.

Diolch i Gymdeithas y Beibl a Gobeith i Gymru am bob
cydweithrediad wrth ddyfynnu o'r Beibl.

Diolch i Saint y Gymuned am bob cydweithrediad.

Cyhoeddwyd gan:
Cyhoeddiadau'r Gair
Ael y Bryn, Chwilog,
Pwllheli, Gwynedd
LL53 6SH.

www.ysgolsul.com

CYFLWYNIAD

Y NEWYDDION GORAU YN Y BYD

Yr awdur a'r hanesydd HG Wells ddwedodd rhyw dro:

"Hanesydd ydw i. Dydw i ddim yn grediniwr, ond mae'n rhaid i mi gyfaddef fel hanesydd mai'r pregethwr tlawd yma o Nasareth, heb os nac oni bai, ydy canolbwynt hanes. Iesu Grist, heb amheuaeth, ydy'r ffigwr mwyaf dylanwadol yn holl hanes."

Am ddwy fil o flynyddoedd mae pobl wedi cydnabod fod yna rywbeth arbennig iawn am Iesu Grist.

Yn y Testament Newydd, yn Efengyl Marc, pennod 1, adnod 1, mae'r awdur yn sgwennu:

"Mae'r newyddion da am Iesu y Meseia, Mab Duw, yn dechrau fel hyn..."

'Newyddion da' – dyna ystyr y gair 'efengyl'. Newyddion sy'n newid bywydau!

A beth ydy'r newyddion sy'n newid bywydau? Iesu. Iesu ydy'r newyddion da.

Doedd dim syndod, felly, fod miloedd o bobl yn tyrru i'w weld pob dydd.

Roedden nhw yn gwybod ei fod o'n newyddion da am ei fod yn gwneud iddyn nhw deimlo yn werthfawr a phwysig. Pwy bynnag oeddet ti, ble bynnag buest ti, beth bynnag oeddet ti wedi ei wneud - roedd gan Iesu wastad amser i ti.

Roedden nhw hefyd yn gwybod ei fod yn newyddion da oherwydd beth roedd yn ei ddweud. Pan oedd Iesu yn edrych i fyw dy lygad ac yn dweud fod Duw wedi maddau dy bechodau, roeddet ti'n gwybod fod dy bechodau wedi'u maddau a'u hanghofio. Roedd fel petai Duw ei hun yn dweud geiriau o obaith wrthot ti.

Ond doedd o ddim jest yn newyddion da oherwydd beth ddwedodd o. Roedd yn amlwg ei fod yn newyddion da oherwydd y pethau oedd o'n eu gwneud. Roedd yn gwneud pethau na allai neb arall eu gwneud. I ddweud y gwir, roedd yn gwneud pethau na allai neb ond Duw ei hun eu gwneud.

Cymerodd ddŵr a'i droi yn win.

Bwydodd dros 5,000 o bobl gyda dim ond pum torth a dau bysgodyn.

Roedd stormydd gwyllt yn tawelu yn sŵn ei lais.

Pan oedd o'n siarad roedd pobl fyddar yn clywed; roedd y dall yn gweld a'r cloff yn cerdded a neidio'n llawen.

Roedd hyd yn oed yn gorchymyn i bobl oedd wedi marw ddod yn ôl yn fyw.

Roedd pobl yn cydnabod fod rhywbeth rhyfeddol a syfrdanol am Iesu – rhywbeth oedd yn newyddion da.

Er ei fod yn treulio ei holl amser gyda phobl oedd yn gwneud smonach ac yn cael pethau'n rong, wnaeth *o'i hun* ddim pechu o gwbl. Doedd o byth yn genfigennus, byth yn falch, yn farus nac yn hunanol. Wnaeth o erioed hel straeon, dwyn, rhegi na meddwi. Ac eto roedd o'n dal yn gwybod sut i joio bywyd; roedd yn byw bywyd i'r eithaf.

Roedd yn byw'r math o fywyd fyddai Duw ei hun yn ei fyw petai Duw yn cerdded strydoedd ein byd. Fo oedd, a fo ydy'r newyddion da.

Wrth gwrs roedd rhai pobl nad oeddent yn ei hoffi. Dyma nhw'n cymryd Iesu, ei arestio a'i arteithio. Yna dyma nhw'n ei hoelio ar groes fel lleidr cyffredin, er nad oedd wedi gwneud dim o'i le.

Ond hyd yn oed ar y groes, roedd hi dal yn amlwg fod Iesu yn newyddion da. Wrth farw yn araf mewn poen ofnadwy, dyma fo'n maddau i'r rhai hynny oedd yn gwneud sbort am ei ben. Roedd yn gwybod mai dyma'r prif reswm y daeth i'r byd – i farw, nid dros ei bechodau ei hun, ond dros bechodau – dros lanast a dioddefaint – y byd i gyd.

Yn yr eiliad gosmig syfrdanol honno ar y groes (mewn ffordd allwn ni byth ei deall yn llawn) cafodd popeth oedd o'i le, popeth poenus, popeth oedd wedi torri, popeth dinistriol sydd wedi digwydd erioed neu fydd yn digwydd yn y dyfodol ... eu gosod ar ei ysgwyddau o.

Mae'r proffwyd Eseia yn dweud fod Iesu wedi ei sathru dan bwysau byd toredig. Ar y groes wynebodd Iesu ganlyniadau llawn ein gwrthryfel ni, er mwyn i ni allu derbyn maddeuant a bywyd newydd gyda Duw – fel bod y greadigaeth gyfan yn cael ei hiacháu a'i hadnewyddu.

Ac o fewn ychydig oriau, bu farw, trodd yr awyr yn ddu a chrynodd y ddaear. Syllodd milwr Rhufeinig ar wyneb Iesu a dweud y geiriau mwyaf gwir ellir eu darganfod: *"Mab Duw oedd y dyn yma, reit siŵr!"*

Dyma nhw'n cymryd ei gorff, ei osod i orwedd mewn bedd oedd wedi ei naddu yn y graig, a rholiwyd carreg fawr drom dros geg y bedd.

Ond roedd y rhai hynny oedd yn credu fod Iesu yn newyddion da yn dal gafael yn y gobaith mai nid dyna oedd y diwedd – a doedden nhw ddim yn mynd i gael eu siomi.

Ddeuddydd yn ddiweddarach, roedd y garreg wedi'i rholio i ffwrdd, roedd y bedd yn wag, ac roedd – mae – Iesu yn fyw, gan brofi i bawb ei fod yn wir yn newyddion da.

Mab Duw, reit siŵr.

Wedi ei anfon i'r byd...

- I ddangos i'r byd sut un ydy Duw.
- I ddangos i ni sut i fyw y bywyd y crëwyd ni ar ei gyfer.
- I farw, er mwyn i ni dderbyn maddeuant a phrofi bywyd newydd – bywyd o berthynas gyda'r Duw â'n creodd ni, y Duw sy'n ein nabod, yn ein caru ac sydd â dyfodol unigryw i bob un ohonom.
- I atgyfodi a phrofi ei fod yn Dduw, ac mai nid marwolaeth ydy diwedd y stori – fod marwolaeth wedi'i drechu.
- I atgyfodi fel addewid y bydd Duw, rhyw ddydd, yn gwneud popeth yn iawn ac yn trwsio'r byd toredig yma.

Am 40 diwrnod wedyn treuliodd Iesu amser gyda'i ffrindiau. Bu'n bwyta, chwerthin, cerdded a siarad gyda nhw. Profodd ei fod yn fwy byw nag y bu unrhyw un erioed o'r blaen.

Yna roedd yn amser iddo adael. Ond cyn iddo adael, rhoddodd sialens i'w ffrindiau rannu'r newyddion da gyda phawb drwy'r byd i gyd. I ddal ati gyda'i genhadaeth. I weld Duw yn dod i deyrnasu ar y ddaear fel mae'n digwydd yn y nefoedd. I ddod ag iachâd a chyflawnder, tegwch a haelioni, cariad a bywyd – i'r greadigaeth gyfan.

Aeth Iesu yn ôl i'r nefoedd. Aeth yn ôl at y Tad, ble mae heddiw yn gweddïo dros bob un ohonon ni.

Dyma ei ffrindiau yn gwneud yn union beth ofynnodd iddyn nhw ei wneud. Gyda help Ysbryd Glân Duw, aethon nhw i ben draw'r byd i gyhoeddi mai fo ydy'r newyddion da.

A heddiw, mae biliynau o bobl wedi darganfod y newyddion da am Iesu, ei fod yn wahanol i unrhyw un arall yn hanes y bydysawd. Fo ydy Mab y Duw byw ac mae'n fyw heddiw, yn cynnig maddeuant am ein gorffennol, bywyd yn ein presennol, a gobaith i'n dyfodol. Mae'n gwahodd pawb i ymuno gydag o, i ddod ac i fod y newyddion da yna hyd eithaf y ddaear, i fyw bywydau o gariad, llawenydd, heddwch dwfn, amynedd, daioni, addfwynder, caredigrwydd, ffyddlondeb, a hunanreolaeth - i fyw fel Iesu yn y byd.

Dylid gwneud hyn gan wybod fod Iesu, rhyw ddydd, *yn* dod yn ôl. Falle yn ystod ein bywydau ni. Falle ddim! Ond pan fydd yn dod yn ôl bydd yn rhoi diwedd ar bechod, salwch, dioddefaint a marwolaeth, a hynny un waith ac am byth. A bydd pawb fu'n ei ddilyn yn y bywyd hwn yn cael eu hatgyfodi i fywyd newydd, yn union fel Iesu, ac yn byw gyda Duw am byth yn y greadigaeth newydd. Dyna pam mai Iesu ydy – a Iesu fydd – y newyddion da!

Felly beth mae hyn yn ei olygu i ti heddiw?
Mae'n golygu fod Iesu yn dy wahodd i'w ddilyn o. I ddod yn un o'i ddisgyblion – ei brentisiaid – a dysgu bod, dweud a gwneud bywyd fel y gwnaeth o... ac ymuno â'i genhadaeth anhygoel i newid y dyfodol.

Sut mae dechrau'r daith? Neu falle gamu ymlaen fel disgybl?

Dyna ble all **42** helpu.

BETH YDY 42?

Cyfres fer o 42 sesiwn ydy **42**, wedi ei gynllunio i dy helpu i ddod i'r afael â dilyn Iesu. (Gellir hefyd eu galw yn 'ddefosiwn' gan eu bod yn ein helpu i glosio at Dduw wrth i ni roi amser i ddarllen, myfyrio a gweddïo.)

Mae 42 yn ddechrau gwych i'r daith o ddilyn Iesu, ac yn help mawr os wyt wedi bod yn dilyn Iesu ers amser maith.

Beth sydd ynddo?

Mae'r 42 sesiwn yn dy arwain drwy themâu sy'n trafod:

- **Bod** (beth sydd ei angen i ti 'fod' fel un sy'n dilyn Iesu) – Mae Iesu am i ti fod fel fo.
- **Gwneud** (beth sydd angen i ti ei 'wneud' fel un sy'n dilyn Iesu) – mae ein gwneud yn llifo allan o'r hyn ydyn ni – ein 'bod'.
- **Gwybod** (beth sydd angen i ti ei 'wybod' fel un sy'n dilyn Iesu) – rhai o'r cwestiynau mawr yna mae pobl yn aml yn eu gofyn.

Mae pob un o'r 42 sesiwn yn dilyn y patrwm yma:

DECHRAU – dechrau gydag adnod a chwestiwn.

MEDDWL – myfyrio ar themâu'r diwrnod.

GWNEUD – sialens i weithredu beth ti wedi'i ddysgu.

GWEDDÏO – arweiniad i weddi a chyfle i fyfyrio

TRAFOD – cwestiwn i'w drafod efo ffrind.

PALU'N DDYFNACH – ar gyfer astudio pellach (efallai pan fyddi'n mynd drwy **42** yr eildro).

Sut ydw i'n mynd ati?

Y ffordd orau i fynd ati yw treulio **chwarter awr y dydd, pob dydd, am 42 diwrnod.**

Dwedodd rhywun rywbryd ei bod hi'n cymryd 40 diwrnod i feithrin arferiad... Os byddi di'n gweithio drwy'r sesiynau yma bob dydd, dŷn ni'n gwarantu (ac mae hynny'n dipyn o ddweud!) tri pheth:

Byddi'n tyfu yn dy berthynas â Iesu
Byddi'n dysgu sut i weddïo a threulio amser gydag o'n gyson.
Byddi'n dechrau gwneud gwahaniaeth yn y byd ar ei ran.

Unwaith y byddi wedi mynd trwy'r cwbl dros 42 diwrnod, pam na wnei di o eto – ond y tro yma dros **42 wythnos**? Gelli gymryd mwy o amser yr eildro, gan weithio drwy'r adnodau PALU'N DDYFNACH.

Ddylwn ei wneud ar ben fy hun?

Gelli fynd drwy **42** dy hun, ond mae'n grêt gallu ei wneud gyda rhywun arall a gwneud eich hunain yn atebol i'ch gilydd i'w ddilyn bob dydd. Yna, o leiaf unwaith yr wythnos, rhannu beth dych chi wedi bod yn myfyrio arno ac unrhyw gwestiynau sydd gynnoch chi. (Edrych hefyd ar *Disgybl*, tudalen 71.)

Ac yn olaf...

Mae'r llyfr hwn yn cynnwys 42 defosiwn i ti eu darllen. Ond, nid dyma'r unig ffordd i'w mwynhau! Os ei di i www.livelife123.org/42, gelli hefyd edrych neu wrando arnyn nhw. A gelli hefyd lawrlwytho ap LiveLife o Apple neu Google.

Pa ffordd bynnag fyddi di'n ei dewis, gwna'r gorau o **42** i'th helpu i dyfu'n agosach at y Duw a'th wnaeth di, yr un sy'n dy garu ac yr un sy'n bwriadu dy ddefnyddio di i newid y byd!

DIWRNOD
1

PWY YDW I?

Sut wyt ti'n gweld dy hun?
Dysgu gweld ein hunain fel mae Duw'n ein gweld ni.

DECHRAU

"Dw i'n dy foli di, am fod dy waith di mor syfrdanol a rhyfeddol!" (Salm 139:14)
Sôn am sut mae Duw wedi ei greu mae'r salmydd. Elli di wir ddweud hynny amdanat dy hun?

MEDDWL

Roedd yna berfformiwr oedd yn arfer gwneud meim wych ble roedd yn cymryd arno ei fod yn hapus mewn parti dychmygol. Byddai'n gwisgo masg 'hapus' a byddai pawb yn chwerthin ac yn meddwl mai fo oedd canolbwynt bywyd y parti. Ond, doedd o ddim yn wir hapus go iawn. Byddai'n gwisgo'r masg hapus bob dydd ac yn perfformio o flaen pawb. Yna un diwrnod dyma fo'n darganfod nad oedd o'n gallu tynnu'r masg hapus i ffwrdd.

Wyt ti wedi teimlo fel yna erioed? Wedi dy ddal yn gaeth tu ôl i fasg? Yn esgus bod yn rhywbeth wyt ti ddim? Ddim yn hoffi pwy wyt ti?

Dŷn ni'n siarad am ein delwedd neu ein hunan-barch. Os nad oes gennyt fawr o hunan-barch, yna dwyt ti ddim yn teimlo dy fod yn fawr o werth. Falle y byddai'n well gen ti fod yn rhywun arall. Ond os oes gennyt ti hunan-barch, yna rwyt yn gwybod dy fod yn werthfawr. Mae gen ti syniad o beth elli di ei wneud yn dda heb fod yn falch. Gelli gymryd dy le ochr yn ochr ag eraill.

Mae nifer o bethau gwahanol yn effeithio ein ymdeimlad o hunan-barch, o'n magwraeth i'n llwyddiannau. Pan mae'n hunan-barch yn isel mae'n demtasiwn i geisio rhoi hwb iddo gyda phethau allanol fel meddiannau, dillad neu'r ffrindiau sydd gennym. Falle y byddwn yn ceisio gwneud i'n hunain deimlo'n well drwy brynu'r gajets diweddara, neu wisgo dillad *designer*, neu dreulio amser gyda phobl cŵl. Y broblem ydy fod y pethau yna yn bethau gwan iawn i sylfaenu'n hunan-barch arnyn nhw gan eu bod yn gallu diflannu mor sydyn neu fynd allan o ffasiwn. Mae angen sylfaenu'n hunan-barch ar rywbeth llawer mwy solet.

Elli di gael dim byd mwy solet na Duw. Felly, beth mae o'n feddwl ohonot ti?

Mae Salm 139 yn dweud fod Duw wedi dy blethu di yng nghroth dy fam a dy fod yn *syfrdanol a rhyfeddol*. Duw wnaeth ti a dydy o ddim yn gwneud camgymeriadau. Sylweddola, felly, fod yna lot o bethau da ynot ti. Mae Duw wedi rhoi doniau i bob un ohonon ni – dyheadau a chryfderau, gobeithion a breuddwydion – er mwyn i ni allu gadael ein marc ar y byd. Yn lle edrych ar be ti'n methu ei wneud, diolcha am beth wyt ti'n gallu ei wneud.

Mae Luc 12:7 yn dweud fod Duw yn dy nabod mor dda mae hyd yn oed wedi cyfri gwallt dy ben di. *Rwyt yn blentyn gwerthfawr i Dduw* ac mae'n falch ohonot ti. Mae Crëwr y bydysawd – yr unig wir Dduw – yn dy garu di. Mae'n dy garu am ei fod yn dy garu am ei fod yn dy garu. Cariad ydy Duw. Mae dy fywyd di mor werthfawr yng ngolwg Duw, bu farw er mwyn i ti gael byw, ac mae o'n fyw heddiw ac yn dy gefnogi di bob amser.

Yn Mathew 22:36 gofynnwyd i Iesu pa orchymyn oedd y pwysicaf. Mewn geiriau eraill, sut mae pobl yn gallu plesio Duw orau? Dwedodd Iesu fod rhaid i ni garu Duw hefo popeth sydd ynon ni ac yna caru ein cymydog fel dŷn ni'n caru ein hunain. Meddylia am beth ddwedodd Iesu. Dylen ni garu

Duw, pobl eraill a ni'n hunain. Os nad ydyn ni'n caru ein hunain – os nad ydyn ni'n derbyn a gwerthfawrogi'n hunain am pwy ydyn ni – mae'n anodd caru Duw a charu pobl eraill.

Os nad ydyn ni'n gwerthfawrogi'n hunain, dŷn ni'n dweud, mewn ffordd, nad ydy Duw wedi gwneud job dda iawn o'n creu ni.

Sut, felly, allwn ni feithrin agwedd iachach atom ein hunain? Sut mae gweld gwerth ynon ni'n hunain fel mae Duw yn ei weld? Rhaid i ni stopio rhoi'n hunain i lawr a bod mor feirniadol ohonon ni'n hunain. Rhaid i ni dderbyn beth mae Duw yn ei ddweud amdanon ni a gofyn iddo newid y ffordd dŷn ni'n gweld ein hunain.

Mae'n gallu cymryd amser i newid y ffordd rwyt yn gweld dy hun, yn enwedig os wyt wedi rhoi dy hun i lawr am amser hir. Y cam cyntaf ydy penderfynu dy fod am weld dy hun fel mae Duw yn dy weld. Felly dos at ddrych, edrych ym myw dy lygad, a dweud, "Diolch Dduw dy fod wedi fy ngwneud i yn syfrdanol a rhyfeddol!"

 **GWNEUD**

Ar raddfa o 1 i 10 ble mae 1 yn isel iawn a 10 yn uchel, sut fyddet ti'n graddio dy hunan-barch: y ffordd rwyt ti'n gweld dy hun? Beth wyt ti'n ei feddwl o'r rhif yna? Siarad efo rhywun wyt ti'n ei drystio am y peth a dywed wrthyn nhw pam wyt wedi rhoi'r sgôr yna i ti dy hun. Os ydy dy hunan-barch yn isel beth sydd rhaid ei wneud i gynyddu'r sgôr o bwynt neu ddau?

 **GWEDDïO**

(Aros am eiliad i weddïo rhwng brawddegau)

Cymer funud i ddiolch i Dduw am ei gariad atat, dy fod yn werthfawr iddo, a'i fod eisiau ti yn rhan o'i deulu.

Dywed wrth Dduw sut wyt ti'n teimlo pan wyt ti'n clywed rhywun yn dweud dy fod wedi dy greu yn rhyfeddol a syfrdanol.

Siarad efo Duw am y bwlch posib rhwng y ffordd mae o'n dy werthfawrogi a'r gwerth rwyt ti'n ei roi i ti dy hun. Gofyn i Dduw gau'r bwlch a dy helpu i stopio ceisio llenwi'r bwlch efo pethau eraill.

'Dduw Dad, diolch am dy gariad dwfn tuag ata i. Helpa fi i wrando ar yr hyn sydd gen ti i ddweud wrtho i, ac amdana i. Trawsffurfia'r ffordd dw i'n gweld fy hun, nes fy mod yn gweld fy hun drwy dy lygaid di; ac yn gallu caru fy hun, caru eraill a'th garu di gyda'r cwbl sydd gen i. Amen.'

SIARAD

Beth sydd wedi dy helpu di i deimlo dy fod ti'n werthfawr?

PALU'N DDYFNACH

- **Salm 139** – Darllen y salm ar ei hyd, ble mae Dafydd yn siarad am y ffordd mae Duw yn ei nabod a gymaint mae'n ei garu.
- **Salm 103:1-13** – Salm sy'n rhestru'r cwbl mae Duw wedi'i wneud droson ni.
- **Luc 7:36-50** – Mae Simon, yr arweinydd crefyddol, yn gwawdio'r wraig wnaeth dywallt persawr drud ar draed Iesu – ond roedd Iesu yn gweld ei gwir werth.
- **Effesiaid 1:3-8** – Darllena'r adnodau yma i weld beth mae Duw yn feddwl ohonot ti – waw!
- **1 Pedr 3:3-4** – Mae Pedr yn ein hatgoffa beth sy'n ddeniadol go iawn.

DIWRNOD 2

CYMHARU

Wyt ti'n cymharu dy hun gydag eraill?
Deall ein gwir werth fel rhai sy'n unigryw ac wedi'n caru.

DECHRAU

Dylai pawb yn syml wneud beth allan nhw. Wedyn cewch y boddhad o fod wedi ei wneud heb orfod cymharu'ch hunain â phobl eraill o hyd.
(Galatiaid 6:4)
Felly beth sydd o'i le ar gymharu ein hunain ag eraill?

MEDDWL

Wyt ti wedi stryglo gyda chymharu dy hun ag eraill erioed? Yn aml iawn mewn bywyd rydyn ni'n cael ein mesur a'n cymharu ag eraill. Mae'n digwydd gydag arholiadau, ble'r wyt ti'n cael gradd i ddangos pa mor dda wnes di. Mae'n digwydd mewn athletau, ble ti'n cael amser am redeg ras, neu bellter am dafliad. Mae'n digwydd gyda'n cyrff, ble dŷn ni'n gweld pwy sy'n dalach, yn deneuach, yn ddelach neu gryfach na ni.

Y broblem wrth gymharu ein hunain ag eraill ydy ein bod yn aml yn gorffen drwy ddod i gasgliadau am ein gilydd. Dŷn ni un ai'n teimlo ein bod yn well – ac yna'n cael ein temtio i ystyried ein hunain yn well nac eraill – neu dŷn ni'n penderfynu ein bod ddim cystal, ac yna'n rhoi ein hunain lawr. Mae cymharu ein hunain ag eraill yn gallu bod yn wenwynig, ac yn Galatiaid 6:4 mae'r Beibl yn dweud wrthon ni am beidio gwneud hynny. Paid â chymharu dy hun ag eraill!

Y pwynt ydy mai ti wyt ti. Wnaeth Duw ddim dy greu di i fod yn rhywun arall. *Gwnaeth Duw ti· yn unigryw.* Does neb yr un fath a ti! Fydd yna fyth 'ti' arall yn holl hanes y bydysawd, felly mae Duw am i ti gamu ymlaen a chymryd dy le unigryw mewn hanes.

Dylen ni gofio nad ydyn ni'n werth mwy na llai na neb arall – ti jest yn werthfawr i Dduw. Gwnaeth Duw ni yn unigolion. Mae Duw yn ein trin ni fel unigolion. Cymerodd yr amser i roi personoliaeth, strwythur DNA, ôl retina ac olion bysedd hollol unigryw i ti. Pam, felly, fyddai o am dy gymharu di hefo eraill – yn ffafriol neu'n anffafriol? Dydy Duw ddim yn dy gymharu di ag eraill a ddylet ti ddim ychwaith.

Sut, felly mae delio efo cymhariaeth yn dy fywyd? Y gyfrinach ydy *dysgu bod yn fodlon.* Bodlon gyda phwy wyt ti a'r hyn sydd gen ti. Byddet ti'n synnu at y gwahaniaeth fyddai'n ei wneud petaet ti'n gallu dod i le lle rwyt ti'n rhoi 100% o'th fywyd i Dduw ac yn stopio bod yn fusneslyd am beth mae pobl eraill yn ei wneud, (eu cyfrifoldeb nhw ydy hynny). Byddai hynny'n gymaint o ryddhad.

Yn y pendraw, dydy cymharu dy hun ag eraill ddim yn beth da. Mae wastad yn creu un o ddwy broblem.

Mae *cymharu* un ai'n *magu balchder,* pan dŷn ni'n meddwl ein bod yn well na phobl eraill – a chofia fod Duw yn dweud ei fod yn erbyn y balch. Neu, mae *cymharu* yn *magu cenfigen* pan dŷn ni'n meddwl ein bod yn waeth (neu mewn sefyllfa waeth) na phobl eraill ac yna'n genfigennus o'r hyn sydd gynnon nhw. Eto yma, mae'r Beibl yn ein rhybuddio am beryglon cenfigen.

Mae yna bob amser fwy i'w ddysgu amdanon ni'n hunain, am Dduw ac am y byd mae wedi'i greu, ond yr allwedd i roi'r diwedd ar gymharu ydy dysgu derbyn a charu ein hunain yn union fel mae Duw wedi'n creu ni.

Yn Rhufeiniaid 12:3-8 mae Paul yn ein hannog i beidio meddwl gormod ohonon ni'n hunain ond i fod yn ymwybodol o'n cryfderau a'n gwendidau. Mae'n mynd yn ei flaen i ddweud ein bod i gyd yn wahanol ac yn gallu helpu'n gilydd – ac mae hynny'n cyfoethogi'r byd dŷn ni'n byw ynddo. Dychmyga pe bai pawb yn union yr un fath. Mor ddiflas fyddai byd felly! Mae derbyn y ffaith ein bod i gyd yn unigryw, i gyd yn wahanol, a bod gan bob un ohonon ni rywbeth i'w gyfrannu i fyd Duw yn gwneud cymhariaeth yn rhywbeth diangen ac o ddim help i neb.

Felly gad i ni beidio treulio mwy o amser yn cymharu ein hunain ag unrhyw un. Gad i ddilyn Iesu a bod mwy fel Iesu fod yn nod ein bywyd – â'i genhadaeth yn ein tanio. Gad i ni fod yn *ddiolchgar a bodlon* gyda phwy mae o'n ein gwneud ni.

GWNEUD

Wyt ti'n tueddu i gymharu dy hun ag eraill? Dim ond rhyngot ti a Duw, sgwenna ddwy restr: un o bobl ti'n teimlo sy'n well na ti ac un o bobl ti'n meddwl sydd ddim cystal â ti. Meddylia am y bobl ar y rhestrau hynny. Beth yn union sy'n gwneud i ti deimlo'n well neu'n waeth na nhw? Wyt ti'n meddwl fod Duw yn cytuno gyda ti? Wel, dydy o ddim! Rhwyga'r rhestr yn ddarnau mân neu gael gwared â hi ryw ffordd arall - ac wrth i ti wneud hynny, gofyn i Dduw dy helpu i stopio cymharu dy hun ag eraill.

GWEDDÏO

(Aros am eiliad i weddïo rhwng brawddegau)

Duw greodd ti ac mae yn dy garu yn union fel rwyt ti. Pan mae'n edrych arnat ti mae o'n falch iawn o'i waith. Treulla ychydig o amser yn diolch i

Dduw am y ffordd mae o wedi dy wneud di a'r doniau mae o wedi'u rhoi i ti, hyd yn oed os nad wyt yn teimlo'n ddiolchgar iawn!

Bydd yn onest gyda Duw os wyt ti'n tueddu i gymharu dy hun ag eraill. Siarad gydag o am y ffordd wyt ti naill ai'n teimlo'n well neu'n waeth na phobl eraill.

Gofyn i Dduw dy helpu i dderbyn dy hun yn union fel yr wyt ac i roi heibio'r arferiad niweidiol yna o gymharu dy hun gydag eraill.

'Dduw ein Crëwr, rwyt ti wedi fy nghynllunio i a'm creu i fel yr ydw i, a phan ti'n edrych arna i rwyt i'n fodlon gyda'r hyn rwyt ti'n ei weld. Dw i'n cyfaddef fod cymharu fy hun ag eraill yn niweidiol ac yn ddibwynt. Helpa fi i dderbyn fy hun fel rydw i a sylweddoli mor werthfawr ydw i yn dy olwg di. Helpa fi i stopio cymharu fy hun gydag eraill a dechrau cerdded yn y rhyddid yr wyt ti'n ei gynnig i mi. Yn enw Iesu. Amen.'

SIARAD

Beth wyt ti'n feddwl o'r pwnc hwn? Wyt ti'n cytuno fod cymharu dy hun ag eraill yn niweidiol?

PALU'N DDYFNACH

PALU'N DDYFNACH

- **1 Samuel 18:6-9** – Edrych sut y gall cymharu dy hun ag eraill arwain i wylltineb a chenfigen.
- **Ioan 21:15-23** – Ceisiodd Pedr, un o ddisgyblion Iesu, gymharu ei hun ag Ioan, un arall o ddisgyblion Iesu, a gofyn: '...beth fydd yn digwydd iddo fe?' Dwedodd Iesu nad oedd o'n ddim o'i fusnes o!
- **Rhufeiniaid 15:1-7** – Mae Paul yn ein hatgoffa i dderbyn ein gilydd a bod yn ystyriol o eraill.
- **Philipiaid 4:12-13** – Gallai Paul ddweud ei fod yn fodlon pa sefyllfa bynnag roedd yn cael ei hun ynddi – mae hynny'n hanfodol i stopio'r cymharu yna sydd dda i ddim i neb!
- **Hebreaid 13:7** – Cofia fod yna lot fawr y gelli ei ddysgu gan bobl eraill.

DIWRNOD 3

DUW FEL TAD

Sut wyt ti'n gweld Duw? Ei ddarganfod o fel ein Tad – a beth mae hynny'n ei olygu go iawn.

DECHRAU

"Dydy'r Ysbryd Glân dŷn ni wedi ei dderbyn ddim yn ein gwneud yn gaethweision ofnus unwaith eto! Mae'n ein mabwysiadu ni yn blant i Dduw, a gallwn weiddi arno'n llawen, "Abba! Dad!". (Rhufeiniaid 8:15)
Wyt ti'n nabod Duw fel dy Dad?

MEDDWL

Dwedodd rhywun unwaith: "Yr un peth pwysicaf amdanon ni ydy beth ydy'r peth cyntaf sy'n dod i'r meddwl pan dŷn ni'n clywed y gair 'Duw'. Mae ein dealltwriaeth o Dduw yn siapio popeth arall am bwy dŷn ni'n meddwl ydyn ni a beth ydy pwrpas bywyd. Felly, beth sy'n dod i dy feddwl di pan ti'n clywed y gair 'Duw'?

Yn Marc 14:36 cafodd pawb eu synnu pan alwodd Iesu Dduw yn *'Abba'*, oedd yn ffordd newydd o'i alw o'n 'Dad'. Roedd yr Iddewon wedi hen arfer galw Duw yn 'Dad', ond mewn rhyw ffordd barchus, o bell fel petae. Ond roedd gan Iesu berthynas agos llawn cariad gyda Duw ei Dad, yn union fel plentyn bach gyda'i dad neu ei thad ei hun. A dyna'r math o berthynas y gallwn ni ei gael hefyd. Dw i'n meddwl mai'r gair cyntaf mae Duw am i ni feddwl amdano pan dŷn ni'n clywed ei enw ydy 'Dad'! Mae o am i ni gael perthynas agos gydag o, lle dŷn ni'n teimlo'n saff ac yn ddiogel, yn gwybod ei fod o'n ein *caru*; y bydd o'n *darparu* ar ein cyfer ac yn ein *hamddiffyn* – mae o ar ein hochr ni.

Yn Luc 15 dwedodd Iesu stori sy'n dweud wrthon ni sut fath o dad ydy Duw.

Roedd gan ddyn ddau fab. Aeth y mab ieuengaf ato a gofyn am ei ran o o'r etifeddiaeth nawr, er bod ei dad dal yn fyw. Mewn ffordd roedd y mab ieuengaf yn dweud wrth ei dad, 'Fase'n well gen i taset ti'n farw er mwyn i mi gael hanner dy arian di nawr.' Felly, dyma'i dad yn rhoi hanner y cwbl roedd ganddo iddo.

Aeth y mab ieuengaf i deithio a chael amser gwych yn gwario'r arian i gyd. Ond yna roedd yr arian wedi mynd, a'i ffrindiau newydd hefyd. Yr unig waith oedd o'n gallu dod o hyd iddo oedd gofalu am foch i ffermwr lleol. Roedd mor llwglyd, roedd bron yn barod i fwyta'r bwyd moch! Yna'n sydyn, calliodd a meddwl iddo'i hun, 'Mae gan y gweision sy'n gweithio i dad fwy na sydd gen i. Dw i'n mynd i fynd yn ôl, dweud sori wrth dad a gofyn am job fel un o'i weision.'

Felly dyma fo'n cychwyn yn ôl, ond pan oedd o'n dal yn reit bell o'i gartref, dyma'i dad – oedd wedi bod yn edrych allan amdano – yn ei weld yn y pellter. Rhedodd ei dad ato a thaflu ei freichiau amdano. Dechreuodd y mab ieuengaf ddweud sori a gofyn am job, ond dyma'i dad yn torri ar ei draws. Galwodd ar ei weision a dweud, 'Brysiwch! Dewch â dillad newydd i'm mab i, a gadewch i ni gael parti i ddathlu ei fod wedi dod yn ôl.'

Roedd Iesu yn dweud fod Duw fel y tad yn y stori: yn *hael* wrth roi i ni, *yn barod i faddau* pan fydd pethau'n mynd o chwith, yn *edrych allan* amdanon ni pan dŷn ni'n bell i ffwrdd, ac *wrth ein boddau* pan mae o'n ein gweld ni. Mae Duw yn Dduw sy'n cofleidio, cusanu a phartïo ac mae'n caru ei blant.

Oni fyddai'n wych petaen ni, wrth glywed y gair Duw, ddarlun o dad sy'n chwerthin, wrth ei fodd ac yn rhoi cwtsh mawr i ni?

Falle fod dy brofiad di o dad daearol yn teimlo'n wahanol iawn i hyn. Dydy'n tadau dynol ni ddim yn berffaith.

Mae rhai tadau *yn cadw hyd braich* - dŷn nhw ddim yn dda am ddangos eu teimladau. Ond mae Duw yn Dduw sy'n cofleidio, yn union fel mae'r stori wyt ti newydd ei darllen yn dangos.

Mae rhai tadau'n *absennol* – falle fod y briodas wedi chwalu neu fod angen iddyn nhw weithio oriau hir i gadw dau ben llinyn ynghyd. Ond mae Duw yn Dduw sydd gyda ni drwy'r adeg.

Mae rhai tadau yn *awdurdodol* – mae nhw'n llym ac fel petaen nhw'n sylwi bob tro y gwnawn ni rywbeth o'i le. Ond mae Duw yn Dduw hael, nid yw'n colli tymer ac mae'n llawn cariad.

Yn olaf, ac yn drist iawn, mae rhai tadau yn *camdrin eu plant* – mae nhw'n gwneud niwed i'r bobl mae nhw i fod i'w caru, drwy fychanu'n greulon a hyd yn oed bod yn dreisgar. Ond cariad ydy Duw ac mae ei gariad perffaith yn cael gwared ag ofn yn llwyr.

Mae Duw yn dyheu ar i ni gael dealltwriaeth iach o beth ydy cariad tad, fel ein bod yn hollol saff yn ein perthynas gydag o. Mae Rhufeiniaid 12:2 yn dweud fod angen i ni adael i Dduw newid ein bywydau ni'n llwyr drwy chwyldroi ein ffordd o feddwl am bethau. Dŷn ni angen llenwi ein meddyliau gyda darluniau positif o gariad Duw tuag aton ni a gofyn i Dduw ein rhyddhau ni o unrhyw bethau negyddol sydd wedi digwydd i ni.

Y tro nesaf y byddi di'n clywed y gair 'Duw', beth bynnag fydd yn dod i dy feddwl gyntaf, dewisa ddychmygu Duw yn rhedeg atat i roi cwtsh mawr i ti, yn wên o glust i glust ac wrth ei fodd yn dy weld.

GWNEUD

Dewis le tawel a thynna lun ohonot ti dy hun a Duw sy'n darlunio sut rwyt yn ei weld. Cymhara'r llun â'r darlun o Dduw, ar ddiwedd y stori, yn rhedeg i gofleidio a chusanu ei fab. Gweddïa am dy lun – ac os ydy o'n wahanol iawn, gofyn i Dduw dy helpu i ddeall a phrofi gymaint mae Duw yn dy garu. Falle y byddai'n help i siarad efo rhywun ti'n ei drystio am dy lun a gofyn iddyn nhw weddïo drosot ti.

GWEDDÏO

(Aros am eiliad i weddïo rhwng brawddegau)

Treulia ychydig amser yn diolch i Dduw mai fo ydy dy Dad di a'i fod yn dy garu.

Siarad gyda Duw am unrhyw beth sy'n dy rwystro rhag derbyn ei gariad. Gofyn iddo chwyldroi dy ffordd o feddwl fel bod dim yn gallu dy rwystro rhag derbyn ei gariad.

Dywed wrth Dduw beth sydd ar dy feddwl – mae dy Dad Nefol wrth ei fodd yn clywed gan ei blant.

'Dduw Dad, dw i'n diolch i ti am dy gariad dwfn tuag ata i, a dy lawenydd ynddo i. Helpa fy nealltwriaeth o dy gariad i dyfu, fel y galla i fod yn gadarn yn fy mherthynas â ti, yn agos atat ti fy nhad nefol ac yn hyderus dy fod eisiau'r gorau i mi. Amen.'

SIARAD

Beth sy'n dod i dy feddwl di pan glywi di'r gair 'Duw'?

PALU'N DDYFNACH

- **Seffaneia 3:17** - Yma cawn ein hatgoffa fod Duw wrth ei fodd gyda ni.
- **Mathew 6:7-13** - Mae Iesu yn ein dysgu i weddïo ar Dduw ein Tad.
- **Luc 11:9-13** – Mae Duw yn gymaint mwy cariadus na'r tad gorau ar y ddaear.
- **Rhufeiniaid 8:15-17** – Mae Ysbryd Duw yn ein helpu i alw Duw yn 'Dad' ac yn gadael i ni wybod mai plant Duw ydyn ni.
- **1 Corinthiaid 8:6** – Mae Paul yn ein hatgoffa mai Duw ydy Tad y greadigaeth gyfan.

DIWRNOD 4

MADDEUANT

Beth mae maddeuant yn ei olygu?
A pha wahaniaeth mae'n ei wneud?

DECHRAU

Aberthodd Iesu ei hun trwy ei waed i'n 'gollwng yn rhydd', sy'n golygu fod ein pechodau wedi'u maddau. (Effesiaid 1:6-8)
Wyt ti'n gwybod sut beth ydy cael maddeuant?
Hoffet ti wybod?

MEDDWL

Yn ail bennod ei Efengyl mae Marc yn sôn am Iesu yn dysgu yn nhŷ rhywun rhyw dro. Roedd cymaint o bobl wedi gwasgu i mewn fel ei bod hi'n amhosib i neb arall fynd i mewn. Dyma rhyw ddynion yn cyrraedd yn cario ffrind oedd wedi'i barlysu ar fatras. Roedden nhw'n methu mynd i mewn i'r tŷ, felly dyma nhw'n dringo i fyny ar y to, gwneud twll a gollwng eu ffrind i lawr drwy'r to er mwyn i Iesu ei iachau.

Fedri di ddychmygu sut deimlad oedd gweld matres yn dod i lawr o ble roedd yna do unwaith? Eto, doedd gan Iesu ddim problem efo hyn o gwbl.

Dwedodd wrth y dyn, *'Mae dy bechodau wedi'u maddau.'* Achosodd hynny stŵr ofnadwy! Roedd pawb yn gwybod mai Duw yn unig allai faddau pechodau, felly os oedd Iesu yn dweud y gallai faddau, roedd o'n amlwg yn hawlio mai fo oedd Duw.

Aeth Iesu yn ei flaen ac iachau'r dyn, a cherddodd y dyn allan yn moli Duw gan gario ei fatras. Ond i Iesu, y peth pwysicaf oedd gadael i'r dyn wybod fod ei bechodau wedi'u maddau. Ond pam oedd hynny mor bwysig?

Yn syml, *pechod ydy unrhyw beth dŷn ni'n ei ddweud, ei wneud neu'i feddwl sy'n dod rhyngon ni a Duw* – syrthio'n fyr o orau Duw. Gallwn ni bechu drwy *wneud y peth anghywir* – fel dweud celwydd, bod yn genfigennus neu fod yn dreisgar. Ond gallwn hefyd bechu drwy *beidio gwneud y peth iawn* – fel bod yn garedig, sefyll dros gyfiawnder neu fod yn hael.

Dwedodd rhywun yn Saesneg, *'The word sin has an I in the Centre, which reminds us that sin is putting ourselves first instead of God.'* Mae pechod yn tarddu o'n *hunanoldeb* ac mae'n gallu gwneud niwed i'n perthynas gyda phobl eraill. Mae'n gallu gwneud niwed go iawn *i ni*. Ond yn y pen draw, gwneud niwed i'n perthynas gyda Duw mae pechod; bob tro dŷn ni'n pechu, dŷn ni'n pechu yn erbyn Duw.

Dŷn ni'n gwybod pan dŷn ni wedi pechu, onid ydyn ni? Fel arfer mae yna ryw deimlad o euogrwydd ac mae'r galon yn drom. Dŷn ni'n gwybod ein bod wedi brifo Duw. Mor fendigedig, felly, ydy gwybod fod Duw yn gallu maddau i ni ac wrth ei fodd yn gwneud hynny. Mae 1 Ioan 1:9 yn dweud: *"Ond os gwnawn ni gyffesu ein pechodau, bydd e'n maddau i ni am ein pechodau ac yn ein glanhau ni oddi wrth bopeth drwg."* Cyffesu ydy cyfaddef ein bod wedi gwneud rhywbeth o'i le: cydnabod gerbron Duw ein bod wedi pechu.

Ond sut mae Duw yn maddau i ni? *Mae canlyniadau i bob pechod*, a dydy Duw ddim yn gallu cymryd arno fod y pechod heb ddigwydd a'i fod ddim o bwys. Am fod Iesu yn ddibechod – wnaeth o ddim byd o'i le ei holl fywyd – cymrodd ein pechodau ni i gyd arno ei hun pan fu farw ar y groes. Mae 1 Pedr 2:24 yn dweud: *"Cariodd [Iesu] ein pechodau ni yn ei gorff ar y pren, er mwyn i ni, a'n pechodau wedi mynd, allu byw i wneud beth sy'n iawn. Dych chi wedi cael eich iacháu am ei fod e wedi ei glwyfo!"*

Mae'r Beibl yn cynnwys darluniau gwych i'n helpu ni i ddeall sut beth ydy'r maddeuant yna. Mae Salm 103:12 yn dweud fod Duw wedi symud ein pechod oddi wrthym mor bell ac ydy'r dwyrain o'r gorllewin – a fedrwch chi ddim mynd yn bellach na hynny! Mae Eseia 1:18 yn dweud fod ein pechod fel staen coch tywyll a bod *Duw yn ei drawsnewid* yn wyn llachar. Pan fydd Duw yn maddau i ni, dŷn ni wedi ein glanhau.

Rhaid i ni ddysgu derbyn maddeuant Duw. Paid dal gafael yn y teimladau o euogrwydd, neu ddal ati i atgoffa dy hun o beth wnest ti o'i le. Derbynia fod Duw wedi maddau i ti a mwynha'r rhyddid sy'n dod o faddeuant. Yn aml rhaid i ni faddau i ni'n hunain, yn ogystal â derbyn maddeuant Duw.

Yna mae Duw yn gofyn i ni fynd un cam ymhellach a *maddau i bobl eraill.* Mae Iesu'n ein hatgoffa o hyn yng Ngweddi'r Arglwydd yn Mathew 6:12*: "Maddau i ni ein dyledion fel y maddeuwn ninnau i'n dyledwyr."* Mae "fel" yn bwysig iawn. Nid opsiwn ydy o; mae'n rhan o'r cytundeb. *Mae Duw yn maddau i ni fel dŷn ni'n maddau i eraill.*

Felly paid dal yn ôl. Bydd yn barod i ofyn am faddeuant. Bydd yn barod i faddau i ti dy hun ac i faddau i eraill. Yna, mwynha'r rhyddid sy'n dod o gael maddeuant.

GWNEUD

Dos i rywle lle gelli fod yn dawel ac eistedd i lawr gyda phapur a beiro. Gweddïa, gan ofyn i Dduw dy atgoffa o bopeth ti angen maddeuant amdanynt. Sgwenna nhw i lawr bob yn un. Yna, ar ôl gorffen, cyffesa nhw i Dduw – gan gyfaddef dy fod wedi pechu. Yna, difroda'r darn o bapur: ei rwygo yn ddarnau mân; ei daflu yn y bin. Derbynia faddeuant Duw – achos rwyt ti wedi cael maddeuant!

GWEDDÏo

(Aros am eiliad i weddïo rhwng brawddegau)

Mae rhai eglwysi yn defnyddio'r weddi hon o gyffes yn eu gwasanaethau. Falle yr hoffet ddarllen y geiriau yn uchel, gan oedi a meddwl sut maen nhw'n berthnasol i ti.

'Dduw Hollalluog. Ein Tad nefol,
dŷn ni wedi pechu yn dy erbyn di ac yn erbyn ein gilydd,
mewn meddwl, gair a gweithred,
drwy esgeulustod, drwy wendid,
a thrwy ein beiau bwriadol ein hunain.
Dŷn ni'n sori go iawn, ac yn edifarhau am ein holl bechodau.

Er mwyn dy Fab, Iesu Grist, fu farw drosom,
maddau i ni am bob dim yn y gorffennol;
a chaniatâ ni i'th wasanaethu mewn newydd-deb bywyd
er clod i'th enw.

Dduw Dad, diolch i ti am dy addewid – os byddwn ni'n cyffesu ein pechodau, y byddi di'n ffyddlon ac yn maddau i ni a'n glanhau. Rwy'n dewis derbyn dy faddeuant a maddau i mi fy hun. Amen'

SIARAD

Wyt ti'n cael trafferth credu dy fod wedi cael maddeuant?

PALU'N DDYFNACH

- **Salm 51:1-19** – Mae hon yn gri hyfryd am faddeuant gan Dafydd, oedd yn euog o odinebu a llofruddio.
- **Salm 103:1-13** - Darllen pa mor rhyfeddol ydy Duw, a sut mae'n caru maddau i ni.
- **Luc 7:36-50** – Mae Duw yn dweud mai'r rhai hynny sydd wedi pechu fwyaf fydd yn dangos y mwyaf o gariad.
- **Ioan 4:13-14** - Wrth siarad efo'r wraig wrth y ffynnon, mae Iesu'n esbonio canlyniad rhyfeddol derbyn ei faddeuant.
- **Colosiaid 1:13-14** – Yma dŷn ni'n cael ein hatgoffa'n bwerus am faddeuant, a beth mae'n ei olygu ar gyfer ein dyfodol tragwyddol.

DIWRNOD 5

RHYDDID

Dŷn ni'n gwybod fod Iesu wedi ein gollwng ni'n rhydd – ond beth yn union mae hynny'n ei olygu?

DECHRAU

'Dŷn ni'n rhydd! Mae'r Meseia wedi'n gollwng ni'n rhydd!' (Galatiaid 5:1).
Wyt ti'n teimlo dy fod yn gwbl rydd?

MEDDWL

Mae Paul yn dweud yn Galatiaid 5:1 fod Crist wedi ein gollwng ni'n rhydd i fyw bywyd o ryddid! Felly, beth sy'n ein stopio ni rhag profi'r rhyddid rhyfeddol hwnnw?

Dŷn ni'n byw mewn byd toredig, ac mae'r Beibl yn dweud fod gynnon ni elyn – Satan – sydd eisiau ein cadw'n ni'n gaeth a'n rhwystro rhag bod yn rhydd. Mae hyn yn digwydd mewn pedair ffordd allweddol.

Y peth cyntaf sy'n ein rhwystro ydy *pechod.* Cyn i ti ddod yn Gristion allet ti ddim peidio â phechu. Mae Rhufeiniaid 7:14 yn dweud ein bod yn 'rhwym i bechod.' Ond nawr dy fod yn nabod Iesu, pryd bynnag fyddi di'n pechu, gelli ofyn am faddeuant Duw, ei dderbyn, ac yna gofyn i Iesu dy drawsnewid drwy ei Ysbryd fel dy fod yn gallu dewis peidio pechu yn y dyfodol.

Yr ail beth sy'n ein rhwystro ydy *salwch.* Doedd bod yn sâl ddim yn rhan o gynllun gwreiddiol Duw ar ein cyfer, ac mae pob salwch yn ein hatgoffa ein bod yn byw mewn byd toredig. Dangosodd Iesu beth sy'n digwydd i salwch pan mae'n dod wyneb yn wyneb â chariad Duw a'i rym. Mae Mathew 9:35 yn dweud fod Iesu wedi iachau pob afiechyd a salwch. *Gall Iesu ddal i iachau heddiw.* Felly, os ydy salwch yn dy rwystro rhag bod yn rhydd, gofyn i Iesu dy iachau, ac os oes rhaid, dal ati i ofyn.

Y trydydd peth sy'n ein rhwystro ni rhag bod yn rhydd ydy *dioddefaint*: gofid emosiynol fel ofn, galar, pryder, diffyg cwsg a phenbleth. Mae'r Beibl yn dweud yn 1 Pedr 5:7 i ni roi'r pethau dŷn ni'n poeni amdanyn nhw i Iesu – am ei fod yn gofalu amdanon ni. Gallwn ddod â'n holl ddioddefaint at Iesu, gofyn iddo ei gymryd, a derbyn ei heddwch yn ei le.

Y pedwerydd peth, a'r olaf, sy'n ein rhwystro ni rhag bod yn rhydd ydy *Satan.* Os wyt yn cael dy hun yn rhan o unrhyw weithgarwch sydd ag unrhyw gysylltiad â'r un drwg, yna, gall hynny dy gadw'n gaeth. Gallai olygu gwylio ffilmiau arswyd neu ddarllen dy horosgop; gall hyd yn oed olygu ymwneud â phethau fel cardiau tarot neu fyrddau ouija. Mae'r cwbl yn newyddion drwg a dylid eu hosgoi ar bob cyfrif.

Pechod, salwch, dioddef, a Satan: pedwar peth all ein rhwystro rhag profi'r rhyddid mae Iesu am ei roi i ni. Fodd bynnag, maen nhw i gyd yn bethau y gellir eu gorchfygu drwy weddïo a gofyn i Dduw ein gollwng yn rhydd. Os wyt yn poeni am unrhyw un o'r rhain, yna siarad efo rhywun rwyt ti'n eu trystio a gofyn iddyn nhw weddïo drosot ti.

Yn 2 Corinthiaid 1:10 mae Paul yn dweud: *'Mae [Duw] wedi'n hachub ni y tro yma, a bydd yn ein hachub ni eto. A dŷn ni'n gwbl hyderus y bydd yn dal ati i wneud hynny.'* Mae tri amser gwahanol i'r ferf yma. Mae Duw wedi gofalu amdanon ni yn y gorffennol, bydd yn gofalu amdanon ni yn y dyfodol, a bydd yn dal ati i ofalu amdanon ni yn y presennol.

Felly dyma ffordd ddefnyddiol o ddal gafael yn y rhyddid mae Iesu yn ei roi i ni. I ddechrau dylet *gydnabod dy fod yn rhydd*. Mae Rhufeiniaid 6:11 yn dweud: *'Felly, dylech chithau hefyd ystyried eich hunain yn farw i bechod, a byw mewn perthynas â'r Meseia Iesu.'* Dal ati i atgoffa dy hun fod Iesu eisoes wedi dy ollwng yn rhydd.

Yna *gwrthsefyll* y diafol. Mae Iago 4:7 yn dweud: *'Felly gwnewch beth mae Duw eisiau. Gwrthwynebwch y diafol a bydd yn ffoi oddi wrthoch chi.'* Sylwa nad wyt yn gwrthsefyll y diafol drwy ymladd yn ei erbyn; rwyt yn ei wrthsefyll drwy roi Duw yn gyntaf ym mhob rhan o dy fywyd. Wedyn, mae'n *rhaid* i Satan ffoi oddi wrthot ti! Er enghraifft: paid cydweithio â phechod ac ildio i demtasiwn, ond cydweithia gyda'r Ysbryd a gwrthsefyll.

Yn olaf, *cyfnewidia* bob celwydd sy'n dy ddal di'n gaeth am wirionedd Duw, sy'n dy ollwng yn rhydd. Mae 2 Corinthiaid 10:5 yn dweud: *'Dŷn ni'n rhwymo'r syniadau hynny, ac yn arwain pobl i fod yn ufudd i'r Meseia.'* Felly pan mae rhyw feddwl bach yn dod i dy ben yn dweud dy fod yn fethiant am dy fod wedi pechu eto, atgoffa dy hun fod Duw yn caru maddau a rhoi cyfle newydd i ti.

Cofia bob amser fod yna bobl fyddai'n hoffi gweddïo drosot ti, a'th helpu i ddod o hyd i hyd yn oed fwy o ryddid.

 **GWNEUD**

Ysgrifenna ar bapur yr adnodau dŷn ni wedi'u rhoi i ti am ddal gafael yn y rhyddid mae Iesu'n ei roi – Rhufeiniaid 6:11, Iago 4:7 a 2 Corinthiaid 10:5. Sgwenna bob un ohonyn nhw ar bapur *post-it* neu gerdyn a'u gosod yn rhywle amlwg: ar ffrâm dy ddrych neu wrth ymyl dy wely. Darllena nhw bob bore a nos a'u dysgu ar y cof i'th helpu i ddal gafael yn y rhyddid llawn mae Iesu'n ei gynnig.

GWEDDÏO

(Aros am eiliad i weddïo rhwng brawddegau)

Pa mor rhydd wyt ti'n ei deimlo o euogrwydd, dioddefaint a salwch? Siarad gyda Duw am y peth.

Os wyt ti'n teimlo'n euog am rywbeth, cyffesa fo i Dduw. Dywed wrth Dduw beth rwyt wedi'i wneud a gofyn am ei faddeuant. Yna, gad i ti dy hun dderbyn ei faddeuant.

Os wyt ti'n poeni am rywbeth, siarada gyda Duw amdano. Gofyn iddo dy lenwi di gyda'i heddwch a'th helpu i'w drystio fo.

Os wyt ti'n sâl, gofyn i Iesu dy iachau di a'th ryddhau di o bob salwch.

Os wyt ti wedi cael dy hun yn rhan o weithgarwch sydd â chysylltiad â'r un drwg, fel horosgopau neu gardiau tarot, cyffesa hynny i Dduw a gofyn iddo dy ollwng di'n rhydd. Falle y byddai'n syniad da cael rhywun arall i weddïo drosot ti hefyd.

'Diolch Arglwydd dy fod wedi fy ngollwng i'n rhydd, fel y galla i fyw bywyd rhydd. Plîs rhyddha fi o bob dim sy'n fy nal yn ôl, p'run ai pechod, dioddefaint neu salwch. Helpa fi i fyw yn realiti y rhyddid rwyt yn ei roi i mi. Amen.'

SIARAD

Sut deimlad ydy bod yn gwbl rydd?

PALU'N DDYFNACH

PALU'N DDYFNACH

- **Exodus 6:2-7** - Mae Duw bob amser wedi bod eisiau gollwng ei bobl yn rhydd – ac mae bob amser yn clywed cri ei bobl.
- **Luc 4:18** – Pan ddechreuodd Iesu ei weinidogaeth, dwedodd ei fod wedi dod er mwyn i'r rhai sy'n gaeth gael bod yn rhydd.
- **Ioan 8:32** - Dwedodd Iesu y byddai gwybod y gwirionedd yn ein gollwng ni'n rhydd - y gwirionedd am bwy ydy Iesu a'r gwirionedd am bwy ydyn ni.
- **2 Corinthiaid 5:17** – Mae Iesu wedi'n gwneud ni'n gwbl newydd! Felly gadewch i ni fyw felly!
- **Galatiaid 5:1** - Does dim rhaid i ni fod yn gaethweision i ddim byd – mae Iesu wedi ein gwneud yn gwbl rydd, i dragwyddoldeb!

DIWRNOD 6

HEDDWCH DUW

Mae bywyd yn gallu bod yn straen.
Sut mae dod o hyd i heddwch?

DECHRAU

'Byddwch chi'n profi'r heddwch perffaith mae Duw'n ei roi – y daioni sydd tu hwnt i bob dychymyg – yn gwarchod eich calonnau a'ch meddyliau wrth i chi ddilyn y Meseia Iesu.' (Philipiaid 4:7)

Sut elli di gael mwy o heddwch yn dy fywyd?

MEDDWL

Mae bywyd yn gallu bod yn brysur a llawn straen, onid ydy? Mae yna bwysau gwaith, pwysau o du teulu a ffrindiau, yn ogystal â phoeni am y dyfodol a beth sydd i ddod. Mae dod o hyd i heddwch yn gallu ymddangos yn amhosib.

Roedd Iesu yn gwbl glir y byddwn yn profi stwff da a drwg mewn bywyd – gw. Mathew 5:45 – ac eto mae'n addo y gallwn ni brofi heddwch ynddo fo.

Falle y dylen ni feddwl beth dŷn ni'n ei olygu wrth heddwch. Un o'r enwau am Dduw yn y Beibl ydy *Jehofa Shalom*, sy'n golygu *Heddwch yr Arglwydd*. Dydy'r gair *'shalom'* ddim yn golygu absenoldeb dioddefaint. Mae'n golygu *cyflawnder* a *lles* – mae'n golygu beth bynnag sy'n digwydd o dy gwmpas, da neu ddrwg, gelli fod yn OK ar y tu mewn.

Mae Paul yn dweud rhywbeth tebyg yn 1 Corinthiaid 14:33 pan mae'n dweud: *'Duw'r heddwch ydy Duw, dim Duw anhrefn!'.* Mae Iesu ei hun yn cael ei ddisgrifio fel *'Tywysog heddwch'* yn Eseia 9:6. Pan gafodd Iesu ei eni yn fabi bach, mae Luc 2:14 yn dweud ei fod wedi dod i roi heddwch i ni.

Pan mae'r byd cyfan i'w weld yn mynd yn hollol wallgof, mae Duw yn dal i allu dod â heddwch i ni. Mae Philipiaid 4:6-7 yn dweud: *"Peidiwch gadael i ddim byd eich poeni chi. Gweddïwch, a gofyn i Dduw am bopeth sydd arnoch ei angen, a byddwch yn ddiolchgar bob amser. Byddwch chi'n profi'r heddwch perffaith mae Duw'n ei roi – y daioni sydd tu hwnt i bob dychymyg – yn gwarchod eich calonnau a'ch meddyliau wrth i chi ddilyn y Meseia Iesu."*

Mae heddwch Duw yn anodd iawn i'w ddeall achos dŷn ni'n gallu dod o hyd iddo, hyd yn oed pan mae popeth o'n cwmpas yn ymddangos yn anhrefn llwyr. Mae gwybod ein bod yn perthyn i Iesu, a'i fod yn ein caru, yn rhoi sicrwydd a chysur dwfn o'n mewn.

Ond, mae angen i ni wneud lle i Dduw i ni dderbyn ei heddwch. Rhaid i ni atgoffa ein hunain ein bod yn perthyn i Iesu, a'i fod yn ein caru.

Tro nesaf y byddi'n teimlo dan bwysau, tria hyn. Dos i rywle lle gelli fod ar ben dy hun a lle bydd neb yn tarfu arnat ti. Eistedda i lawr a gwneud dy hun yn gyfforddus. Cau dy lygaid a bydd yn llonydd tu mewn.

Yna, tala sylw i'th anadlu. Anadla ychydig yn arafach a dyfnach. Gofyn i Dduw ddod a'th lenwi â'i heddwch.

Wrth i ti anadlu i mewn, meddylia am gariad a heddwch Duw yn dy lenwi.

Wrth i ti anadlu allan, gollwng afael yn beth bynnag sy'n achosi straen i ti.

Anadla gariad Duw i mewn;
Anadla unrhyw ofid allan.

Anadla gariad Duw i mewn;
Anadla'r straen allan.

Anadla gariad Duw i mewn;
Anadla unrhyw bryder allan.

Dweda wrth Dduw am y pethau sydd ar dy feddwl. Dychmyga dy hun yn eu rhoi yn nwylo Duw bob yn un.

Diolcha i Dduw am ei gariad a'i bresenoldeb yn dy fywyd. Diolcha fod modd dod o hyd i'w heddwch yng nghanol prysurdeb bywyd.

GWNEUD

Dyna dy sialens am heddiw – rho amser heibio i anadlu'n ddwfn fel hyn a gofyn i Dduw dy lenwi â'i heddwch.

GWEDDÏO

(Aros am eiliad i weddïo rhwng brawddegau)

Cymer funud i weddïo am heddwch Duw.

Dywed wrth Dduw am y pethau sy'n dy boeni. Fel mae gwahanol bethau yn dod i'r meddwl, dychmyga dy hun yn eu rhoi i Dduw iddo fo ddelio â nhw. Os oes yna sefyllfa benodol ble ti angen heddwch Duw, dywed wrtho fo amdani.

Gofyn i Dduw dy lenwi â'i heddwch.

'Dad, dw i'n diolch i ti am y rhodd o heddwch sy'n fy nghaniatáu i fod yn gyflawn a thawel o'm mewn, er gwaetha popeth sy'n digwydd o'm cwmpas. Helpa fi i wneud lle i dderbyn dy heddwch. Amen.'

SIARAD

Wyt ti'n meddwl fod posib dod o hyd i heddwch mewn byd prysur?

PALU'N DDYFNACH

I ddarganfod mwy am ddod o hyd i heddwch Duw mewn byd prysur, edrycha ar yr adnodau hyn:

- **Salm 23** – Y Salm enwocaf sy'n ein hatgoffa pam y gallwn brofi heddwch Duw.
- **Eseia 9:6-7** – Mae Iesu'n cael ei ddisgrifio fel Tywysog heddwch
- **Diarhebion 14:30** – Mae calon heddychlon yn iachus.
- **Ioan 14:27-28** – Mae Iesu yn addo rhoi heddwch i ni.
- **Rhufeiniaid 15:13** – Mae Paul yn gweddïo y byddwn yn profi heddwch Duw.

HUNANREOLAETH

Ydy hunanreolaeth yn bwysig? Dysgu sut i ddatblygu hunanreolaeth yn ein bywydau.

DECHRAU

Mae rhywun sy'n methu rheoli ei dymer fel dinas a'i waliau wedi eu bwrw i lawr. (Diarhebion 25:28)
Pa mor dda ydy dy hunanreolaeth di?

MEDDWL

Oeddet ti'n gwybod fod y ffordd rwyt ti'n adweithio yn dangos realiti dy fywyd? Mae'r ffordd ti'n ymateb i bethau yn dweud lot am pwy wyt ti GO IAWN.

Pam hynny? Achos, mae'r ffordd ti'n ymateb yn anwirfoddol ac anfwriadol, ond yn dangos yn glir beth sy'n digwydd yn dy galon go iawn – mae ymateb yn dangos realiti.

Felly, er enghraifft, gallet ddweud y gwnei di faddau i dy ffrind y tro nesaf y bydd yn dy siomi. Ond pan mae'n digwydd, falle mai beth fydd yn digwydd go iawn – y realiti – fydd y byddi di'n pwdu, yn bwriadu dial neu'n cario clecs amdanyn nhw. Mae'r ffordd rwyt ti'n ymateb yn dangos nad wyt mor barod i faddau ag oeddet ti'n tybio.

Felly mae hunanreolaeth yn nodwedd bwysig ofnadwy achos mae'n ymwneud â rheoli'r ffordd rydyn ni'n ymateb yn reddfol a dewis ymateb yn y ffordd iawn, hyd yn oed os ydy hynny'n anodd. Mae hunanreolaeth yn meithrin *ufudd-dod* i Dduw, ble dyn ni ddim yn rhoi mewn i'n dyheadau ein hunain ond yn rhoi ein hunain i wneud beth mae Duw eisiau. Dŷn ni'n rhoi plesio Duw o flaen plesio ein hunain.

Mae hunanreolaeth yn rhan o *ffrwyth yr Ysbryd Glân*. Mae Galatiaid 5:22-23 yn dweud mai ffrwyth yr Ysbryd ydy cariad, llawenydd, heddwch dwfn, amynedd, caredigrwydd, daioni, ffyddlondeb, addfwynder a hunanreolaeth. Dŷn ni angen dewis ymarfer hunanreolaeth, ond wrth i ni agor ein hunain i Ysbryd Duw gallwn ddisgwyl y bydd hunanreolaeth yn tyfu'n gryfach yn ein bywydau. Dydy meithrin hunanreolaeth ddim i'w wneud â bod yn fwy penderfynol a thrio'n galetach. Mae i'w wneud â rhoi lle i'r Ysbryd Glân ein helpu. Meddylia am y peth fel gwisgo amdanat bob bore: *cofleidio gwaith yr Ysbryd Glân* a gwisgo hunanreolaeth amdanat.

Os nad ydyn ni'n dysgu i reoli ein hunain - ein cyrff, ein dyheadau a'r ffordd dŷn ni'n ymateb - gallwn gael ein hunain yn gwneud penderfyniadau gwael a all arwain at ganlyniadau gwael i'n hunain, ein perthynas â phobl a chyda Duw. Cofia, dydy hyn ddim byd i'w wneud â dilyn rheolau. Mae Galatiaid 5:1 yn dweud ein bod, fel Cristnogion, yn gwbl rydd. Ond rhaid deall nad ydy pob dim yn dda i ni; ni ddylid bwydo pob archwaeth, p'run ai bwyd, rhyw, hapusrwydd, meddiannau, neu beth bynnag arall sydd ddim help i ni.

Felly, sut allwn ni feithrin mwy o hunanreolaeth? Mae'n rhywbeth sydd angen *disgyblaeth*, achos yn aml iawn dydy o ddim yn dod yn naturiol i ni. Meddylia amdano fel cyhyr sydd angen ei gryfhau drwy ymarfer corff. Dechreua, felly, gyda rhywbeth bach lle rwyt ti'n fyr o hunanreolaeth ar hyn o bryd. Falle dy fod yn treulio gormod o amser ar wefannau cymdeithasol bob nos. Falle dy fod yn bwyta gormod o siocled a ti'n gwybod fod hynny ddim yn iach. Falle dy fod yn gwylio pethau ar y teledu sy'n llenwi dy feddwl efo meddyliau a delweddau anaddas.

Dechreua wneud dewisiadau gwell i *ymarfer* dy hunanreolaeth. Yn lle treulio gormod o amser ar wefannau cymdeithasol, dewisa gadw o fewn amser penodol. Penderfyna brynu a bwyta llai o siocled. Os oes sianeli arbennig ar y teledu sy'n anaddas, ceisia eu blocio nhw, neu stopia fflicio drosodd iddyn nhw. Wrth i ti wneud dewisiadau bach yn rheolaidd bydd y dewisiadau mwy yn dod yn haws.

Yr allwedd i hunanreolaeth yw *cofleidio gras* Duw. Pan fyddwn yn sylweddoli mor wych ydy cariad a charedigrwydd Duw tuag aton ni, dylai hynny ein hysbrydoli i fod eisiau ei blesio a pheidio ildio i'r pethau hynny sy'n ein temtio. Mae Titus 2:12 yn dweud fod gras Duw yn ein dysgu ni i ddweud na wrth annuwioldeb ac i fyw bywydau llawn hunanreolaeth.

Os wyt ti'n cael hunanreolaeth yn wirioneddol anodd, siarada efo rhywun ti'n eu trystio a gofyn iddyn nhw weddïo drosot ti. Cofia fod hunanreolaeth yn amhosib heb berson a nerth yr Ysbryd Glân. Felly gweddïa yn ddyddiol am gael dy lenwi â nerth, cariad a hunanreolaeth yr Ysbryd Glân.

GWNEUD

Dewisa un peth ble rwyt ti'n gwybod dy fod angen ymarfer mwy o hunanreolaeth: treulio gormod o amser ar dy gyfrifiadur, bwyta'n wael, aros ar dy draed yn rhy hwyr? Penderfyna sut faset ti'n hoffi ymddwyn fel arall, ond paid a'i gwneud hi'n rhy anodd i ti gyrraedd y nod. Gweddïa ar i Dduw gryfhau dy hunanreolaeth drwy ei Ysbryd. Yna gwna beth rwyt wedi'i benderfynu!

GWEDDÏO

(Aros am eiliad i weddïo rhwng brawddegau)

Meddylia am ras Duw – ei gariad cyfoethog tuag atat ti a'i ddyhead i ti fod yn gyflawn. Mae Duw mor barod i faddau a rhoi cyfle arall i ti ddechrau o'r newydd. Yfa o gariad Duw a'i ras. Agor dy hun i Ysbryd Duw.

Yna, gofynna i Ysbryd Duw ddangos i ti ble rwyt ti angen ymarfer mwy o hunanreolaeth. Meddylia am y camau rwyt ti angen eu cymryd.

Yna gofynna i Dduw dy helpu i ymarfer hunanreolaeth yn y maes yma.

Arglwydd Dduw, diolch am roi dy Ysbryd yn rhodd i'm trawsnewid i. Helpa fi i fod yn agored i waith dy Ysbryd fel bod hunanreolaeth yn rhan o'i ffrwyth yn fy mywyd. Gwna fi yn fwy fel Iesu. Amen'

SIARAD

Beth wyt ti'n ei awgrymu i feithrin mwy o hunanreolaeth?

PALU'N DDYFNACH

- **Diarhebion 5:22-23** – Canlyniad diffyg hunanreolaeth.
- **Luc 22:42** – Dangosodd Iesu pa mor gryf oedd ei hunanreolaeth pan weddïodd ar i ewyllys Duw gael ei wneud ac nid ei ewyllys o'i hun.
- **1 Corinthiaid 10:23** – Ein hatgoffa nad ydy'r ffaith dy fod yn gallu gwneud rhywbeth yn golygu y dylet ti ei wneud.
- **2 Timotheus 3:1-5** – Mae Paul yn ein rhybuddio sut fydd diffyg hunanreolaeth yn edrych.
- **1 Pedr 5:8-9** – Mae Pedr yn dweud wrthon ni i gadw rheolaeth ar ein hunain a gwrthsefyll y diafol, ein gelyn.

DIWRNOD 8

FFYDDLONDEB

I ba raddau elli di drystio Duw? Darganfod ei ffyddlondeb – a dysgu bod yn ffyddlon i eraill.

DECHRAU

Mae e bob amser yn deg ac yn onest – yn Dduw ffyddlon sydd byth yn anghyfiawn. (Deuteronomium 32:4)

Beth mae bod yn ffyddlon yn ei olygu?

MEDDWL

Mae ffyddlondeb yn golygu fod Duw yn *gyson*, a nad yw'n newid; gallwn ddibynnu arno. Mae'r Beibl yn llawn addewidion am ffyddlondeb Duw – adnodau fel Salm 36:5: *"O Arglwydd, mae dy ofal cariadus yn uwch na'r nefoedd; mae dy ffyddlondeb di y tu hwnt i'r cymylau!"*

Mae Duw eisiau'r gorau i ni. Mae Jeremeia 29:11 yn dweud ei fod eisiau ein bendithio ni, nid gwneud niwed i ni. Ond am fod ei gariad at bobl yn rhoi'r gallu i bawb ddewis, mae yna ganlyniadau i'r dewisiadau hynny – felly dydy bwriadau da Duw ddim bob amser yn gweld golau dydd. Ond dydy hynny ddim yn golygu fod Duw wedi newid. Mae Rhufeiniad 8:31 yn dweud fod *Duw ar ein hochr ni*, felly pwy all fod yn ein herbyn ni? Gallwn ddal ein gafael yn ffyddlondeb Duw hyd yn oed os nad ydy pethau yn troi allan fel roedden ni eisiau.

Wedyn rydyn ni'n cael ein gwahodd i ymateb drwy fod yn *ffyddlon i Dduw*. Pan oeddet ti'n blentyn bach a ddim yn cael dy ffordd dy hun mae'n debyg dy fod yn strancio – dyna oedden ni i gyd yn ei wneud. Ond gan ein bod wedi tyfu i fyny, gallwn ddewis ymddwyn yn well. Gallwn ddewis cadw'n meddyliau, ein gweithredoedd a'n teimladau yn ffyddlon i'r Duw sydd yn ffyddlon i ni gyntaf.

Rhaid i ni fod â ffydd yn ffyddlondeb Duw – trystio y bydd o yn *siŵr o wneud beth mae o wedi'i addo*, hyd yn oed os ydy hynny'n cymryd yn hirach nag oedden ni'n gobeithio, neu ddim yn digwydd fel roedden ni'n disgwyl.

Mae Iesu yn dangos yn glir iawn fod angen ffydd arnon ni. Mae ffydd fel cyhyrau sy'n cryfhau wrth i ni eu defnyddio nhw, ond nid faint o ffydd sydd gynnon ni sy'n bwysig. Na, beth sy'n cyfri ydy lle rydyn ni'n rhoi ein ffydd: beth ydyn ni â ffydd ynddo. Yn Luc 17:6 mae Iesu'n dweud fod ffydd mor fach â hedyn mwstard yn dwyn ffrwyth os ydyn ni'n pwyso ar Dduw, sy'n ffyddlon.

Weithiau mae'n rhaid i ni ddisgwyl am atebion i'n gweddïau, neu ddysgu addasu os ydyn ni'n cael ateb gwahanol i'r un oedden ni'n ei ddisgwyl. Mae Duw yn gwybod beth allwn ni ddelio gydag o a ble mae ein ffiniau. Mae 1 Corinthiaid 10:13 yn dweud: *"Mae Duw yn ffyddlon! Fydd e ddim yn gadael i'r temtasiwn fod yn ormod i chi."*

Os wyt ti'n stryglo hefo aros yn ffyddlon i Dduw, siarada gyda Christnogion hŷn a gofyn iddyn nhw rannu hanesion am ffyddlondeb Duw yn eu bywydau nhw. Ceisia ddarganfod sut wnaeth Duw ddarparu'r hyn oedd ei angen arnyn nhw ar yr amser iawn, a gad i hynny dy annog i weld y bydd Duw yn gwneud yr un peth i ti.

Wrth feddwl am ffyddloneb, mae yna un peth arall i'w ystyried: *ein ffyddlondeb ni i bobl eraill.* Wyt ti'n caru rhywun ddigon i aros yn ffyddlon iddyn nhw doed a ddelo? Mae hynny'n golygu caru, gofalu, rhoi, gwasanaethu, chwerthin a hyd yn oed crio gyda nhw – sticio gyda nhw drwy'r amseroedd da a drwg.

Mae Iago 2:14 yn ein herio ni i wneud hynny mewn ffyrdd ymarferol iawn; nid dim ond drwy ddweud ein bod â gofal am rywun, ond drwy ddangos hynny'n ymarferol. Felly bydd ffrind sy'n ffyddlon yn dod i dy weld di pan wyt ti'n teimlo'n isel ac yn gwrando wrth i ti dywallt y cwbl sy'n dy boeni o'i flaen, a ddim jest yn anfon neges testun atat ti i ddweud ei fod yn gweddïo drosot ti!

Yn fwy na hynny, mae'n golygu mynd gam ymhellach a dangos y fath ofal nes dy fod yn fodlon dweud wrthyn nhw pan maen nhw'n gwneud rhywbeth o'i le, neu'n ymddwyn mewn ffordd annuwiol. Yn Mathew 18:15 mae Iesu yn dweud os bydd Cristion arall yn pechu, dylet ti fynd a dangos yn garedig iddyn nhw beth maen nhw wedi ei wneud o'i le, i roi cyfle iddyn nhw wneud pethau'n iawn eto.

Tipyn o her, ynte? Does neb ohonon ni'n hoffi cael ein cywiro, a falle y bydd dy ffrind yn gwylltio neu'n ypsetio. Felly rhaid i ni wneud hyn gyda chariad a thosturi, ond ddylen ni ddim bod ag ofn dweud y gwir.

Mae bod yn ffyddlon yn gofyn i ni ddangos cariad mewn ffyrdd anodd weithiau, achos dyna mae Duw'n ei wneud i ni. Felly gad i ffyddlondeb Duw tuag atat ti dy ysbrydoli, a dangos di ffyddlondeb yn ôl, ffyddlondeb i Dduw ac i bobl eraill.

 **GWNEUD**

Pwy ddylet ti fod yn ffyddlon iddyn nhw? Falle fod un o dy ffrindiau yn mynd drwy amser anodd. Falle fod un o dy rieni, neu ryw berthynas arall, dan bwysau neu'n poeni am rywbeth. Meddylia sut allet ti ddangos cariad ymarferol, ffyddlon sy'n sticio gyda nhw drwy'r amserau anodd. Gallai olygu gwrando arnyn nhw'n rhannu beth sydd wedi bod yn digwydd, glanhau y tŷ iddyn nhw, neu jest roi bar o siocled fel syrpreis iddyn nhw. Ti'n siŵr o fod yn gwybod beth fyddai'r person wyt ti'n meddwl amdano yn ei werthfawrogi fwya. Felly dos a'i wneud!

GWEDDÏO

(Aros am eiliad i weddïo rhwng brawddegau)

Treulia ychydig o amser yn diolch i Dduw am ei ffyddlondeb. Gallet ti ddefnyddio rhai o'r adnodau rydyn ni wedi edrych arnyn nhw i'th atgoffa mor ffyddlon ydy Dyw.

Wyt ti wedi teimlo fod Duw wedi dy siomi di erioed; teimlo nad ydy o wedi bod yn ffyddlon i ti? Siarad gydag o am y peth. Gofyn iddo dy helpu i ddeall beth yn union oedd yn digwydd.

Wnei di ddewis rhoi dy ffydd yn Nuw, a thrystio ei fod o'n ffyddlon? Dywed wrtho sut mae hynny'n teimlo.

'Arglwydd Dduw, diolch am fod mor ffyddlon i mi, am fy ngharu a rhoi popeth dw i ei angen hyd yn oed pan dw i'n dy ddiystyru di, yn troi cefn arnat ti, neu yn dy wrthod. Helpa fi i drystio dy ffyddlondeb di a dangos yr un ffyddlondeb tuag at eraill. Yn enw Iesu. Amen'

SIARAD

Pa hanesion sydd gen ti i'w rhannu am ffyddlondeb Duw?

PALU'N DDYFNACH

PALU'N DDYFNACH

- **Salm 86:15.** Dydy Duw ddim yn un sy'n colli ei dymer; mae ei amynedd yn rhyfeddol.
- **Salm 117.** Mae'r Salm fyrraf yn y Beibl yn sôn am ffyddlondeb Duw.
- **Rhufeiniaid 3:3-4.** Mae Duw yn ffyddlon hyd yn oed os ydyn ni ddim. Dydy ei ffyddlondeb o ddim yn dibynnu arnon ni.
- **Galatiaid 5:22.** Un wedd ar ffrwyth yr Ysbryd ydy ffyddlondeb, felly gallwn ddisgwyl tyfu'n fwy ffyddlon wrth i ni dyfu'n debycach i Iesu.
- **Hebreaid 10:23.** Mae angen i ni ddal gafael yn ffyddlondeb Duw.

CARIAD

*Wyt ti'n gwybod faint mae Duw yn dy garu di?
Edrych ar gariad anhygoel Duw a sut all o drawsffurfio'r
ffordd dŷn ni'n byw.*

DECHRAU

**Mae dy gariad di'n uwch na'r nefoedd,
a dy ffyddlondeb di'n uwch na'r cymylau!
(Salm 108:4)**
Faint mae Duw yn dy garu di?

MEDDWL

Petai rhaid i ti grynhoi Duw mewn un gair, beth fyddai'r gair hwnnw? Falle ei bod yn edrych yn dasg amhosib i grynhoi Crëwr y bydysawd anhygoel yma i un gair bach, ond mae'r Beibl wedi gwneud hynny. A'r gair hwnnw ydy *cariad*. Mae 1 Ioan 4:8 yn dweud wrthon ni mai *'Cariad ydy Duw'*.

Cariad ydy hanfod natur Duw; mae popeth mae Duw'n ei wneud yn cael ei symbylu gan gariad.

Mae cariad yn air sy'n cael ei ddefnyddio lot fawr, onid ydy? Gallwn ddweud fy mod yn caru pizza. Dw i'n caru mynd i'r sinema; dw i'n caru fy nghi; dw i'n caru fy ngwraig. Ond mae'n amlwg nad ydw i'n golygu yn union yr un peth bob tro! Dydy caru pizza ddim yr un peth â charu fy ngwraig!

Cafodd y Testament Newydd ei ysgrifennu mewn Hen Roeg, ac mae yna nifer o wahanol eiriau am gariad yn yr iaith honno. Mae yna gariad *'phileo'*, sef y math o gariad sydd gen i at fy ffrindiau. Mae yna gariad *'eros'*, sydd y math o gariad dw i'n ei deimlo at fy ngwraig. Yna mae yna gariad *'agape'*, sydd yn gariad aberthol, parod i wasanaethu, heb ei haeddu, cwbl ymroddedig. Dyma'r math o gariad sydd gan Dduw aton ni ac at ei greadigaeth.

Felly, pan ddwedwn mai cariad ydy Duw, dydyn ni ddim yn sôn am ryw deimlad neis neis. Mae Duw yn gwbl ymroddedig i'r bobl a'r byd wnaeth o eu creu. Mae Ioan 3:16 yn dweud fod Duw wedi caru'r byd cymaint nes iddo roi ei unig Fab. Rhoddodd Duw y peth mwyaf gwerthfawr oedd ganddo – ei Fab, Iesu – a'i wylio yn dioddef y farwolaeth fwyaf erchyll a phoenus er mwyn ein hachub ni rhag yr un peth.

Mae cariad Duw aton ni mor gryf, does yna ddim byd allwn ni ei wneud fydd yn ei leihau. Yn Rhufeiniaid 8:31-39, mae Paul yn rhoi rhestr hir o bethau y bydden ni'n disgwyl iddyn nhw ein gwahanu ni oddi wrth gariad Duw: poen, dioddefaint, cael ein herlid, newyn, peryglon, marwolaeth, pwerau ysbrydol drwg a'r dyfodol. Mae'n cloi trwy ddweud *does dim yn y bydysawd yma greodd Duw yn gallu'n gwahanu ni oddi wrth Gariad Duw yn ein Harglwydd ni, y Meseia Iesu.*

Weithiau mae'n gallu bod yn anodd derbyn cariad Duw. Weithiau dydyn ni ddim yn teimlo y dylen ni gael ein caru, ac rydyn ni'n ymwybodol o bopeth dŷn ni wedi ei wneud o'i le. S'dim ots: mae cariad Duw yn aros yn gryf bob amser, sut bynnag ydyn ni'n teimlo a beth bynnag wnawn ni. Rhaid i ni ddod i'r arfer o dderbyn cariad Duw, ymgolli ynddo, nes ei fod yn ein trawsffurfio ni ac yn ein galluogi i garu yn ôl.

Wrth i ni dderbyn cariad Duw, mae Duw yn ein gwahodd i *rannu ei gariad gydag eraill.* Mae 1 Ioan 4:20 yn mynd ymlaen i ddweud: *"Pwy bynnag sy'n dweud ei fod yn caru Duw ac eto ar yr un pryd yn casáu brawd neu chwaer, mae'n dweud celwydd. Os ydy rhywun ddim yn gallu caru Cristion arall mae'n ei weld, sut mae e'n gallu caru'r Duw dydy e rioed wedi ei weld."* Dwedodd Iesu yn Ioan 13:35 y byddai'r byd yn gwybod ein bod ni'n ddilynwyr iddo am ein bod ni'n caru'n gilydd. Pan ofynnwyd i Iesu beth oedd y gorchymyn pwysicaf, dwedodd yn Luc 10:27 mai'r ateb oedd *caru'r Arglwydd dy Dduw â'th holl galon, ac â'th holl enaid, â'th holl nerth ac â'th holl feddwl, a caru dy gymydog fel rwyt ti'n dy garu dy hun.* Eto yma, nid sôn am ryw deimladau cynnes, neis neis, mae o, ond dangos yr un ymroddiad, gofal a chariad at Dduw ac at eraill ac mae Duw'n ei ddangos aton ni.

Cofia hefyd fod cariad Duw yn cofleidio'r greadigaeth gyfan. Fel y clywaist, mae Ioan 3:16 yn dweud fod Duw wedi caru'r byd cymaint nes iddo roi ei unig Fab, a'r gair Groeg am 'byd' ydy *'kosmos'*, sy'n cyfeirio at holl drefn y greadigaeth. Dyna bob un dim yn y bydysawd cyfan, o'r bacteria lleiaf i'r seren bellaf – a phopeth rhwng y ddau.

Rydyn ni'n cael ein galw i *rannu'r un cariad ag sydd gan Dduw at ei greadigaeth.* Yn Genesis 1:28, mae Duw yn dweud fod y bobl gyntaf i lenwi'r ddaear a defnyddio'i photensial hi. Maen nhw i'w thrin a gofalu amdani er mwyn iddi ffynnu. Ffordd arall o ddangos ein cariad at Dduw ydy drwy ofalu am y byd yma wnaeth o ei greu. Ailgylchu, cerdded yn lle defnyddio'r car, peidio gadael i'r tap redeg wrth i ni frwsio'n dannedd – mae'r rhain yn bethau nad ydynt jest yn dda i'r amgylchfyd, maen nhw'n gallu bod yn rhan o'n haddoliad a'r ffordd rydyn ni'n dangos ein cariad at Dduw.

Felly dysga sut i dderbyn a chofleidio cariad Duw. Ei gariad rhyfeddol, hardd, di-amod tuag atat ti.

Wrth i ti ddysgu derbyn mwy o'r cariad yma, rhanna fo gyda phawb rwyt ti'n eu cyfarfod: ffrindiau, teulu, dieithriaid a – Iesu ddwedodd hyn – hyd yn oed dy elynion.

GWNEUD

Fel ffordd o ddiolch i Dduw am ei gariad, pwy allet ti ddangos cariad atyn nhw heddiw? Meddylia am rywbeth gwirioneddol hael a charedig allet ti ei wneud i rywun, heb ddisgwyl derbyn gwobr na chanmoliaeth. Yna dos a'i wneud!

GWEDDÏO

(Aros am eiliad i weddïo rhwng brawddegau)

Atgoffa dy hun faint mae Duw yn dy garu. Meddylia am rai o'r adnodau o'r Beibl rydyn ni wedi edrych arnyn nhw heddiw. Does dim byd yn gallu dy wahanu di oddi wrth gariad Duw.

Treulia ychydig amser yn diolch i Dduw am ei gariad. Ceisia ddychmygu'r cariad yna yn dy lenwi o'th gorun i'th sawdl, ac yn treiddio'n ddwfn i ddyfnderoedd dy bersonoliaeth.

Dywed wrth Dduw faint rwyt yn ei garu o, hyd yn oed os ydy hynny'n teimlo'n fach iawn o'i gymharu.

Gofynna i Dduw dy helpu i garu eraill yn yr un ffordd ag y mae o wedi dy garu di. Siarad gyda Duw am y rhai hynny rwyt ti'n eu cael yn anodd i'w caru. Gofynna i Dduw dy helpu i garu'r blaned yma gymaint ag mae o'n ei charu – a'th helpu i ddangos hynny yn y ffordd rwyt ti'n byw.

'Arglwydd, diolch am dy gariad aruthrol sydd yn fy amgylchynu i ac yn fy llenwi. Diolch fod dy gariad mor gryf, a bod dim yn gallu ei leihau, beth bynnag wna i. Helpa fi i dderbyn dy gariad ac yna i ddangos yr un cariad at eraill ac at y byd rwyt ti wedi ei greu. Amen'

SIARAD

Beth sy'n dy helpu di i dderbyn cariad Duw?
Sut wyt ti'n dangos cariad Duw at eraill?

PALU'N DDYFNACH

- **Eseia 54:10.** Fydd cariad Duw tuag aton ni fyth yn methu.
- **Mathew 5:42-48.** Mae Iesu yn ein herio ni i garu'r rhai hynny rydyn ni'n eu hystyried yn elynion.
- **Effesiaid 3:14-19.** Mae Paul yn gweddïo y bydd pobl yn profi'n llawn gariad rhyfeddol Duw.
- **Hebreaid 12:6.** Mae cariad Duw yn golygu ei fod yn ein herio ni.
- **1 Ioan 4:7-21.** Darllena eiriau rhyfeddol Ioan yma am gariad Duw.

DIWRNOD 10

GWELEDIGAETH

Sut allwn ni weld – a symud i gyfeiriad – cynllun Duw ar gyfer ein bywydau?

DECHRAU

Mae Paul yn dweud, 'Dw i'n rhedeg at y llinell derfyn gyda'r bwriad o ennill! Dw i am ennill y wobr sydd gan Dduw ar ein cyfer ni. Ei alwad i'r nefoedd o achos beth wnaeth y Meseia Iesu. (Philipiaid 3:14)

Beth ydy dy weledigaeth di ar gyfer dy fywyd? Beth ydy dy nod di?

MEDDWL

I ble mae dy fywyd di'n mynd? Mae'n gallu bod yn gwestiwn dychrynllyd i'w ofyn, onid ydy? I ddal gafael yn dy ddyfodol yn Nuw, mae yna un peth allweddol fydd ei angen arnat ti i fynd i'r cyfeiriad iawn – gweledigaeth. Os ydy rhywun yn gweld yn berffaith, mae'n nhw'n dweud yn Saesneg fod ganddo '20/20 vision.' Oni fyddai'n wych cael gweledigaeth berffaith glir o ble dŷn ni'n mynd mewn bywyd a beth ddylen ni ei wneud dros Dduw?

Weithiau mae hynny yn digwydd. Mae Duw yn siarad yn glir yn ein calonnau, drwy ein cydwybod. Mae'n siarad drwy'r Beibl, drwy amgylchiadau a thrwy ffrindiau. Ond yn aml iawn, mae angen tipyn o help arnon ni i weld yn glir beth sydd gan Dduw ar ein cyfer. Meddylia am y peth fel edrych ar olygfa drwy ysbienddrych sy'n aneglur: mae addasu neu symud rhyw ychydig ar y lens yn gallu dod â'r olygfa rwyt ti'n edrych arni i ffocws.

Yr addasiad cyntaf sydd ei angen ydy cofio mai *Duw a'th wnaeth di* ac mae'n gwybod yn union sut un wyt ti. Mae Salm 139:4 yn dweud: *"Ti'n gwybod beth dw i'n mynd i'w ddweud cyn i mi agor fy ngheg."* Felly mae o'n debygol o ddal dy sylw mewn ffordd fyddi di'n ei ddeall.

Yr ail addasiad sydd ei angen i dy helpu i gael gweledigaeth ar gyfer dy fywyd ydy cydnabod nad ydyn ni bob amser yn gweld yn glir, neu'n deall, ar unwaith. Rhaid i ni'n aml iawn ddysgu sut i ddyfalbarhau. Rhaid i ni dreulio amser gyda Duw, a chau popeth arall fyddai'n tynnu'n sylw allan. Felly, os nad wyt ti'n teimlo dy fod yn clywed gan Dduw, dal ati. Dal ati i ofyn.

Weithiau, fodd bynnag, mae'n gweledigaeth am ein dyfodol yn aneglur am ei fod yn rhy bell i ffwrdd! Er enghraifft, os wyt ti'n 15 oed ac yn teimlo dy fod am wasanaethu Duw yn Albania, falle y byddai'n syniad i ti aros nes wyt ti ychydig yn hŷn. Does dim pwynt mynd allan i brynu'r tocyn awyren y funud yma! Er hynny, gallet ti gymryd rhai camau bach tuag at dy nod. Gallet brynu map o Albania, ei osod ar y wal yn dy ystafell wely a gweddïo drosto. Mae cymryd camau bach tuag at weledigaeth fwy yn dy helpu i wirio a ydy'r weledigaeth fawr yn iawn ai peidio.

Mae Duw yn rhoi *gweledigaeth* bersonol i bob un ohonon ni ar gyfer ein bywydau, ond mae'n galw arnon ni i'w byw oddi mewn i gymuned yr eglwys. Rhaid i bob un ohonon ni ddarganfod beth ydy'n rôl arbennig ni yng ngwaith y Deyrnas, ond gwneud hynny gyda phobl Dduw.

Heb *weledigaeth bersonol*, byddi'n cael dy arwain gan eraill yn rhy hawdd. Heb *weledigaeth gyfunol* – gweledigaeth mae pobl eraill yn ei rhannu – fyddi di'n atebol i neb, ac yn unig! Y gair Groeg am eglwys yn y Testament

Newydd ydy *'ekklesia'*, sy'n cyfieithu fel tîm o bobl wedi eu 'galw allan', yn rhannu'r un pwrpas neu weledigaeth. Faint wyt ti'n ei wybod am weledigaeth dy eglwys? Pa ran allet ti ei chwarae?

Falle fod siarad am weledigaeth yn swnio'n ddifrifol iawn, ond does dim rhaid i ti boeni am ei gael yn anghywir. Os byddi'n gweddïo, ac yn gofyn i Dduw roi gweledigaeth i ti, rhaid i ti gredu y bydd yn gwneud hynny. Mae'n haws i Dduw roi cyfeiriad i rywbeth sy'n symud nac i rywbeth sy'n llonydd. Mae Eseia 30:21 yn dweud: *"Wrth wyro i'r dde neu droi i'r chwith, byddwch yn clywed llais y tu ôl i chi'n dweud: 'Dyma'r ffordd! Ewch y ffordd yma!'"* Bydd Duw yn dangos i ti'r ffordd ddylet ti fynd, felly trystia fo, gwna'n siŵr fod dy ffocws yn glir ac yna dilyn dy weledigaeth!

Yn olaf, cofia hyn: Mae'r Beibl yn dweud wrthon ni fod yr *Ysbryd Glân yn rhoi gweledigaeth.* Yn Actau 2:17-18 rydyn ni'n darllen y bydd Duw yn tywallt ei Ysbryd ar bawb – ac mae hynny'n dy gynnwys di. Beth sy'n digwydd pan mae'r Ysbryd yn cael ei dywallt? Bydd pobl Dduw yn cael breuddwydion a gweledigaethau. Felly gweddïa am fwy o Ysbryd Glân Duw yn dy fywyd er mwyn i ti gael cipolwg ar weledigaeth Duw ar gyfer ei fyd ac ar dy gyfer dithau.

GWNEUD

Aros am funud, a meddylia am dy weledigaeth ar gyfer dy fywyd, yna ysgrifenna hi i lawr. Os nad oes gen ti syniad ble i ddechrau, mae hynny'n rywbeth y gelli weddïo amdano! Gweddïa am dy weledigaeth, neu dy awydd i gael gweledigaeth glir, ar gyfer dy fywyd. Cyflwyna'r sefyllfa i Dduw a gofyn iddo ei gwneud yn glir.

GWEDDÏO

(Aros am eiliad i weddïo rhwng brawddegau)

Dychmyga dy hun yn sefyll mewn lle agored, eang. Mae'r gorffennol tu ôl i ti a'r dyfodol o'th flaen. Dychmyga Iesu yn sefyll ychydig o'th flaen, yn dy arwain di i'r dyfodol.

Diolcha i Dduw fod dy orffennol, presennol a dyfodol yn ei ddwylo; ei fod yn dy garu di a dim ond eisiau beth sydd orau i ti.

Gofyn i Dduw roi gweledigaeth glir o'th ddyfodol i ti. Sut mae o eisiau i ti ei wasanaethu? Pa ddoniau mae o eisiau i ti eu defnyddio?

'Arglwydd Dduw, diolch i ti dy fod ti'n fy nabod i i'r dim. Diolch i ti fod gen ti bethau cyffrous o'm blaen i. Plîs wnei di roi gweledigaeth gliriach i mi o sut wyt ti eisiau i mi dy wasanaethu di yn y dyfodol. Amen'

SIARAD

Beth ydy dy weledigaeth di ar gyfer dy fywyd?
Pa gamau wyt ti wedi eu cymryd i fynd yn nes ati?

PALU'N DDYFNACH

- **Marc 8:34-38.** Mae Iesu yn esbonio fod aberthu ein hunain dros eraill – fel y gwnaeth o – angen bod yn rhan o'n gweledigaeth am y dyfodol.
- **Diarhebion 29:18.** Yn ein hatgoffa am bwysigrwydd gweledigaeth.
- **Joel 2:28** Mae Duw yn addo siarad â ni drwy freuddwydion a gweledigaethau.
- **Actau 26:12-20.** Mae Paul yn siarad am fod yn ffyddlon i'r weledigaeth roddodd Duw iddo.
- **Datguddiad 21:1-4.** Gweledigaeth derfynol Duw ar ein cyfer ydy dyfodol gydag o.

DIWRNOD 11

GOSTYNGEIDDRWYDD

Beth ydy gwir ystyr gostyngeiddrwydd?
Dysgu dilyn esiampl Iesu o ostyngeiddrwydd yn ein
bywydau ni.

DECHRAU

Byddwch yn ostyngedig ac addfwyn bob amser.
(Effesiaid 4:2)
Ond beth mae'n ei olygu i fod yn ostyngedig, a pham mae'n
bwysig?

MEDDWL

Roedd pobl yn defnyddio teitlau gwahanol am Iesu yn yr Efengylau. Roedd yn cael ei alw yn 'Rabbi', sy'n golygu athro. Roedd yn cael ei alw yn 'Feseia' neu 'Crist', sy'n golygu mai fo oedd eneiniog Duw. Roedd yn cael ei alw yn 'Arglwydd', sy'n golygu 'arweinydd' neu 'bòs'.

Ond y teitl roedd Iesu'n ei ddefnyddio amdano'i *hun* amlaf oedd *'Mab y dyn'.* Yn Efengyl Marc, mae'r teitl yna'n cael ei ddefnyddio dros 40 gwaith. Pam wyt ti'n meddwl oedd Iesu'n defnyddio'r teitl yma amdano'i hun fwy nag unrhyw deitl arall? Am mai dyna ffordd Iesu o uniaethu ei hun gyda phobl gyffredin iawn – pobl fel ti a fi. Roedd Mab y dyn yn ymadrodd cyffredin yn ei ddydd. Roedd yn ffordd o ddweud: 'Dw i'n un ohonoch chi. Dw i o'ch plaid chi.'

Pan feddyli di pwy ydy Iesu *go iawn*, mae'n deitl llawn gostyngeiddrwydd. Mab Duw oedd Iesu, ac eto fe adawodd ei orsedd yn y nefoedd a dod i lawr i'r ddaear i fyw yn ein plith ni. Mae Ioan 1:14 yn dweud: *"Daeth y Gair [sef Iesu] yn berson o gig a gwaed; daeth i fyw yn ein plith ni."* Yna mae Philipiaid 2:6-7 yn dweud fod Iesu yn gydradd â Duw ond nad oedd o am fanteisio ar y ffaith yna, felly daeth i fyw ar y ddaear, yn berson dynol go iawn ac yn berson dwyfol go iawn. Iesu ydy'r esiampl perffaith o ostyngeiddrwydd – ac os oedd o yn fodlon diraddio ei hun, yna rhaid i ni fod yn fodlon gwneud yr un peth.

Felly, sut mae hynny'n edrych? Gostyngeiddrwydd go iawn ydy bod â golwg cywir o pwy wyt ti o flaen Duw, a chydnabod nad wyt ti ddim gwell na gwaeth na phobl eraill. Dydyn ni ddim yn tynnu sylw at bopeth dŷn ni wedi ei wneud yn iawn er mwyn dangos mor wych ydyn ni, a dydyn ni ddim yn ailadrodd popeth dŷn ni wedi ei wneud o'i le i ddangos mor ddiwerth ydyn ni.

Bod yn ostyngedig ydy deall yn iawn pwy ydyn ni o flaen Duw, yn onest; gwybod ein bod wedi ein creu gan Dduw, fod Duw yn ein caru, a'n bod hefyd yn bechaduriaid sydd angen Duw.

Heb y ddealltwriaeth yma, rydyn ni weithiau'n defnyddio'r pethau anghywir i wneud i ni'n hunain deimlo'n dda. Gallwn sylfaenu'n hymdeimlad o hunanwerth ar yr hyn rydyn ni wedi ei gyflawni, sut dŷn ni'n edrych, neu'r bobl dŷn ni'n eu nabod. Weithiau cawn ein hunain yn beirniadu pobl eraill er mwyn teimlo'n well amdanon ni'n hunain. Ond os oes gynnon ni olwg cywir o pwy ydyn ni o flaen Duw, does dim angen hyn i gyd.

Mae gostyngeiddrwydd go iawn yn golygu deall yn iawn pwy ydyn ni yn Nuw, a chydnabod yn onest beth ydy'n cryfderau a'n gwendidau. Mae Rhufeiniaid 12:3 yn dweud: *"Peidiwch meddwl eich bod chi'n well nag ydych chi. Byddwch yn onest gyda chi'ch hun wrth ystyried faint o ffydd mae Duw wedi'i roi i chi."*

Felly, sut beth ydy gostyngeiddrwydd yn ymarferol? Sut allwn ni fod yn bobl ostyngedig?

Wel, yn y lle cyntaf rhaid i ni fod yn *ddiogel yng nghariad Duw*, yn gwybod ein bod yn werthfawr yn ei olwg beth bynnag wnawn ni. Mae Effesiaid 2:8 yn dweud mai haelioni (sef gras) Duw sy'n ein hachub ni – anrheg Duw ydy o, nid rhywbeth dŷn ni wedi ei haeddu. Mae Effesiaid 3:17-18 yn sôn am gariad aruthrol fawr Duw tuag aton ni. Dylai'r cariad yna socian i mewn i ni nes ei fod yn rhan o pwy ydyn ni.

Yn ail, rhaid i ni *feddwl am anghenion pobl eraill yn gyntaf.* Mae Philipiaid 2:3-4 yn dweud: *"Byddwch yn ostyngedig, a pheidio meddwl eich bod chi'n well na phobl eraill. Meddyliwch am bobl eraill gyntaf, yn lle dim ond meddwl amdanoch chi'ch hunain."* Dydy hynny ddim yn golygu fod rhaid i ni roi'n hunain i lawr; cofia beth ddwedon ni'n gynharach am hunan-barch a'r angen i garu ein hunain. Rhaid i ni jest gwneud yn siŵr ein bod yn gwerthfawrogi pobl eraill fwy na ni'n hunain.

Yn drydydd, rhaid i ni gofio fod gostyngeiddrwydd go iawn yn cydnabod *nad oes yr un ohonon ni'n gallu sefyll ar ein traed ein hunain.* Rydyn ni'n rhan o dîm, neu fel mae Paul yn dweud, yn aelodau o gorff. Mae gostyngeiddrwydd yn cydnabod ac yn dathlu'r ffaith ein bod i gyd yn wahanol, a bod pobl eraill yn gwneud rhai pethau'n well na ni. Mae person gostyngedig eisiau i bobl eraill lwyddo a rhagori am fod hynny'n well i'r tîm. Bydd yn rhywun sy'n annog eraill ac yn dathlu pan maen nhw'n gwneud pethau'n dda, yn lle bod eisiau'r clod i gyd i ti dy hun. Dyna lwybr y bywyd gostyngedig.

GWNEUD

Os ydyn ni'n onest, mae'r rhan fwyaf ohonon ni yn hoffi cael ein canmol. Rydyn ni'n mwynhau cael rhywun yn dweud ein bod wedi gwneud job dda o rywbeth. Mae gostyngeiddrwydd yn golygu bod eisiau i bobl eraill brofi'r un peth. Felly, meddylia pwy allet ti ei annog a'i adeiladu heddiw. Ydy un o dy ffrindiau wedi gwneud rhywbeth gwirioneddol wych a neb arall wedi sylwi? Meddwl am ffyrdd y gallet ti ddathlu beth wnaethon nhw a rhoi gwybod iddyn nhw dy fod ti'n meddwl eu bod nhw'n wych!

GWEDDÏO

(Aros am eiliad i weddïo rhwng brawddegau)

Treulia ychydig amser yn meddwl am y daith gymerodd Iesu er mwyn i ni ddod i'w nabod, o eistedd ar yr orsedd ar ochr dde Duw i gael ei eni'n fabi bach yng nghanol anifeiliaid fferm. Diolch iddo am fod mor barod i ddod i'n byd yn ostyngedig.

Yna treulia ychydig amser yn atgoffa dy hun faint mae Duw yn dy garu di. Rwyt ti'n perthyn iddo, ac yn werthfawr yn ei olwg. Gofyn i Dduw roi ymdeimlad i ti fod dy hunaniaeth yn ddiogel ynddo fo, fel nad oes rhaid i ti ddibynnu ar unrhyw beth arall i wneud i ti deimlo'n bwysig.

Gofynna i Dduw dy helpu di i fod yn ostyngedig. Siarada gydag o am sefyllfaoedd penodol lle byddet ti'n cael hynny'n anodd.

'Arglwydd Iesu, diolch i ti am fod yn fodlon dod i'r byd i fyw yn ostyngedig yn ein plith ni. Diolch dy fod wedi gwneud hynny am dy fod yn ein caru ni. Helpa fi i wybod fy mod yn saff yn y cariad yna, yn gwybod pwy ydw i ynot ti. Helpa fi i fod yn berson gostyngedig, yn rhoi eraill gyntaf ac yn darganfod fy hunaniaeth ynot ti. Dw i'n gweddïo yn dy enw di. Amen'

SIARAD

Sut wyt ti'n teimlo am y gwahoddiad yma i fod yn ostyngedig?
Sut mae gostyngeiddrwydd yn edrych yn ymarferol?

PALU'N DDYFNACH

- **Diarhebion 29:23.** Mae gostyngeiddrwydd yn arwain i anrhydedd.
- **Micha 6:8.** Mae Duw eisiau i ni fyw'n wylaidd a gostyngedig.
- **Mathew 23:1-12.** Roedd gan Iesu eiriau chwyrn i'w dweud am arweinwyr crefyddol oedd yn ceisio edrych yn bwysig. Os na wnei di ymostwng bydd Duw yn dy ddarostwng!
- **Iago 4:10.** Os gwnawn ni blygu o flaen Duw bydd o'n ein hanrhydeddu ni – fydd dim angen i ni wneud hynny ein hunain!
- **1 Pedr 5:5-7.** Mae Pedr yn dweud wrthon ni am fod yn wylaidd a gostyngedig; mae'n rywbeth y gallwn ddewis ei wneud.

DIWRNOD
12

DIDWYLLEDD

Pam fod didwylledd yn bwysig?
Deall didwylledd duwiol – a sut i fyw felly.

DECHRAU

Mae'r un sy'n byw yn onest yn byw'n ddibryder, ond bydd y gwir yn dod i'r golwg am yr un sy'n twyllo. (Diarhebion 10:9)
Beth mae'n ei olygu i fod yn berson didwyll, a pham mae'n bwysig pan wyt eisiau dilyn Iesu?

MEDDWL

Mae'r gair Saesneg *integrity* yn air anarferol. Mae'n gallu cael ei ddefnyddio i sôn am bobl, ac wrth siarad am nodweddion pethau ffisegol.

Felly os oes daeargryn, falle y byddi'n clywed fod *structural integrity* adeilad wedi ei niweidio a'i wneud yn beryglus. Neu falle fod gwleidydd sydd wedi twyllo wrth hawlio costau yn cael ei ddisgrifio fel rhywun sy'n brin o *integrity*. Felly beth yn union ydy ystyr y gair, a pham mae'n bwysig i Dduw?

Mae'n golygu bod yn berson cywir, gonest, cyson a dibynadwy. Mae'n dangos *'cymeriad cyflawn'*, tra mae'r gwrthwyneb yn 'gymeriad llawn tyllau'. Mae didwylledd yn golygu byw bywyd lle mae'n geiriau a'n gweithredoedd yn cydweddu, a lle mae'r geiriau a'r gweithredoedd hynny'n cael eu gyrru gan ymroddiad i wneud beth sy'n iawn. Mae'n golygu bod yr un person ym mhob sefyllfa, peidio ffugio a gwisgo masg. Mae'n nodwedd wych i ymgyrraedd ati – cael ein hadnabod fel person sy'n cadw'n gair; rhywun sy'n sefyll yn gadarn beth bynnag sy'n digwydd o'n cwmpas.

Yn Mathew 23 mae Iesu yn ymosod yn ddidrugaredd ar arweinwyr crefyddol parchus ei ddydd – y Phariseaid. Mae Iesu'n gwneud yn gwbl glir fod yna dwll anferth yn eu cymeriad. Maen nhw'n *ddeddfol, balch, hunandybus, dauwynebog a rhagrithiol* – popeth sy'n groes i ddidwyll. Dro arall, yn Mathew 7, mae Iesu'n dweud fod y bobl sy'n gwrando arno ac yn gwneud beth mae o'n ddweud fel dyn sy'n adeiladu tŷ ar graig solet. Felly mae didwylledd yn dechrau drwy wrando ar eiriau Iesu a gwneud beth mae o'n ddweud.

Os wyt ti'n ddidwyll, rwyt ti'n gymeriad *cyson* – yr un fath ym mhob sefyllfa ti'n cael dy hun ynddi. Mae pobl sy'n brin o ddidwylledd yn ymddwyn yn wahanol mewn gwahanol sefyllfaoedd. Felly, os ydy rhywun yn gwrando drwy'r amser ar gerddoriaeth Adele pan mae adre, ond yn dweud wrth ei ffrindiau nad ydy o'n gallu ei diodde hi, ac yn cymryd arno ei fod yn casáu'r gerddoriaeth mae o wir yn ei garu – dydy'r person yna ddim yn ddidwyll. Dydy o ddim yn gyson.

Mae bod yn ddidwyll hefyd yn golygu bod yn *onest* – dweud y gwir. Ni ddylai fod yna ddim lle o gwbl i gelwydd, dim hyd yn oed yr hyn rydyn ni'n ei alw'n 'gelwydd gwyn' sy'n cael ei ddefnyddio i gael ein hunain allan o drwbwl! Felly, mae didwylledd yn golygu bod yn gywir, yn gyson ac yn onest. Mae'n golygu gwneud job dda wrth fyw bywyd o ddydd i ddydd: bod â dim byd i'w guddio.

Wyt ti wedi sylwi erioed ei bod yn anodd edrych ym myw llygad rhywun pan wyt yn gwybod dy fod wedi gwneud drwg iddyn nhw? Y rheswm ydy ein bod ni'n gwybod yn reddfol nad ydy'r hyn sydd y tu mewn i ni yn dda – mae'n dywyll, ac yn rhywbeth rydyn ni'n ceisio ei guddio. Mae didwylledd yn golygu y gallwn edrych ym myw llygaid rhywun heb ofn ac heb ddim i'w guddio.

Pam mae didwylledd yn nodwedd mor bwysig i Gristnogion ei feithrin? *Am fod Duw yn ddidwyll.* Mae pob un o'r geiriau rydyn ni wedi sôn amdanyn nhw yn cael eu defnyddio am Dduw yn y Beibl. Mae Salm 33:4 yn dweud fod popeth mae Duw yn ei wneud yn *gywir.* Mae Iago 1:17 yn dweud nad ydy goleuni Duw yn amrywio: mae o'n gyson. Yna mae Hebreaid 6:18 yn dweud ei bod yn amhosib i Dduw ddweud celwydd: mae o'n gwbl onest. Mae'n safon uchel i ymgyrraedd ati, onid ydy? Ond mae Ysbryd Duw ynon ni i'n helpu ni i newid – dydy hyn ddim yn rywbeth mae'n rhaid i ni ei wneud ar ein pen ein hun.

GWNEUD

Y sialens i ti heddiw ydy gwylio allan am ddidwylledd! Gofyn i ti dy hun drwy'r dydd os wyt ti'n bod yn gywir, yn gyson ac yn onest. Gofyn i Dduw dy helpu di i fod yn gwbl ddidwyll, a dangos i ti ble rwyt ti'n syrthio'n fyr.

GWEDDÏO

(Aros am eiliad i weddïo rhwng brawddegau)

Pam ddim troi at Dduw mewn gweddi, a gofyn iddo ddangos i ti pryd nad wyt ti bob amser yn gwbl ddidwyll?

Edrych yn ôl dros y 24 awr ddiwethaf – elli di ddweud dy fod yn berson cywir, cyson a gonest? Gofyn i Dduw ddangos i ti ble rwyt ti wedi syrthio'n fyr. Byddi'n cael fod Duw yn dwyn i gof yr adegau hynny pan wyt ti wedi twistio'r gwir, wedi bod yn anghyson, neu heb sefyll yn gadarn.

Siarada gyda Duw am yr adegau hynny, a dweud sori. Gofynna i Dduw dy helpu di i newid,

'Arglwydd, diolch i ti fod Iesu yn ddyn cwbl ddidwyll, a'i fod wedi bod y fath esiampl i ni. Helpa fi i wrando ar eiriau Iesu a gweithredu arnyn nhw, fel fy mod i'n sefyll ar dir cadarn, yn gyson ac yn onest. Helpa fi i fod yn berson didwyll sy'n dangos i bawb o'm cwmpas sut un wyt ti. Amen.'

SIARAD

Oes yna bobl elli di feddwl amdanyn nhw sy'n gwbl ddidwyll? Ble mae hynny i'w weld yn eu bywydau?

PALU'N DDYFNACH

- **Genesis 39:6-12.** Mae Joseff yn ymwrthod â fflyrtian rhywiol gwraig ei feistr am ei fod yn gwbl ddidwyll.
- **1 Brenhinoedd 9:1-5.** Roedd Duw yn herio'r brenin Solomon i fod yn berson didwyll fel Dafydd ei dad, ac yn addo ei fendithio petai'n gwneud hynny.
- **Job 2:3.** Job oedd dilynwr mwyaf didwyll Duw – a hyd yn oed pan oedd yn wynebu'r prawf anoddaf, arhosodd yn ddidwyll.
- **Daniel 6:5-12.** Mae Daniel yn dal ati i weddïo ar Dduw hyd yn oed pan oedd hi'n anghyfreithlon i wneud hynny; er y gallai olygu y byddai'n marw o ganlyniad.
- **Mathew 22:16.** Roedd Iesu'n cael ei adnabod fel rhywun cwbl ddidwyll, nad oedd yn cael ei ddylanwadu gan beth oedd pobl eraill yn ei feddwl.

DIWRNOD
13

HAELIONI

Dysgu sut mae byw yn hael gan Dduw pob haelioni.

DECHRAU

Mae'r bobl sy'n fendith i eraill yn llwyddo, a'r rhai sy'n rhoi dŵr i eraill yn cael eu diwallu. (Diarhebion 11:25)
Ond onid ydy rhoi pethau i ffwrdd yn golygu y bydd gen ti ddim byd ar ôl?
Sut all pobl hael lwyddo?

MEDDWL

Haelioni ydy'r arferiad o roi i eraill heb ddisgwyl dim yn ôl. Mae'r Beibl yn dweud yn Diarhebion 11:25 y bydd rhywun *sy'n fendith i eraill yn llwyddo*. Mae'n golygu y bydd rhywun sy'n hael yn llwyddo ac yn gwneud yn wirioneddol dda. Felly, sut mae hynny'n digwydd? Os wyt ti'n rhoi pethau i ffwrdd yn hael, fydd gen ti ddim ar ôl – neu ychydig iawn, siawns?

Gallwn fod yn hael neu yn hunanol gyda beth bynnag sydd gynnon ni – ein harian, ein cyfeillgarwch, ein hamser, ein hegni, ein caredigrwydd, ein cariad, ein maddeuant, ein heiddo... Mae'r rhestr yn mynd ymlaen ac ymlaen!

Wrth fod yn hael, rydyn ni'n bod ychydig bach fel Duw. Creodd Duw ni er mwyn bod yn hael tuag aton ni, a'n bendithio ni gyda phethau da. Gelli weld yn y bennod gyntaf un yn y Beibl *mor hael oedd Duw* wrth greu popeth. Mae haelioni Duw i'w weld drwy'r Hen Destament i gyd, o'i ddechrau i'w ddiwedd; does ond rhaid i ti edrych ar Malachi 3:10 i brofi hynny.

A dydy o ddim yn darfod yna, ychwaith! Mae'n dechrau eto yn y Testament Newydd, yn Mathew 5:1-12, gyda'r fendith ddeg-rhan mae Iesu'n ei rhoi ar ben y mynydd. Ar ryw ystyr mae'n ail-ysgrifennu'r Deg Gorchymyn! Mae'r haelioni a'r fendith yma yn mynd yn ei flaen yr holl ffordd drwy'r Testament Newydd.

Mae Duw mor hael tuag aton ni – mae hyd yn oed yn rhoi ei Fab ei hun i ni – er mwyn i ni allu bod yn hael tuag at eraill. Rydyn ni'n cael *ein bendithio er mwyn i ni fod yn fendith i eraill.*

Fel y byddet ti'n disgwyl, Iesu ydy'n *role model* ni. Yn Actau 20:35 mae Paul yn dyfynnu rhywbeth ddwedodd Iesu: *"Mae rhoi yn llawer gwell na derbyn."* Wyt ti'n credu hynny? Wyt ti wedi profi hynny? S'dim ots os wyt ti ddim yn gallu rhoi rhyw lawer am nad oes gen ti lawer – *agwedd y galon* sy'n cyfrif, a'r aberth mae'n ei olygu.

Mae Iesu'n gwneud hynny'n berffaith glir yn Luc 21:1-4. Roedd yn y deml yn sylwi ar y bobl gyfoethog yn rhoi arian yn y blychau casglu. Mae'n cymharu'r hyn maen nhw'n ei roi hefo rhodd rhyw wraig weddw dlawd. Mae Iesu'n dweud mai'r wraig weddw roddodd y mwyaf, am ei bod hi wedi rhoi'r cwbl oedd ganddi, tra roedd y bobl gyfoethog yn rhoi rhyw ychydig bach o'u cyfoeth mawr, gan gadw lot fawr oedd dros ben iddyn nhw eu hunain. Hi oedd yr un gwirioneddol hael. Ei haberth hi oedd y mwyaf.

Yn Philipiaid 2:5 mae Paul yn ein hatgoffa *y dylai'n hagwedd ni fod yr un fath ag agwedd Iesu ei hun,* ac mae'r gair 'agwedd' yn golygu'n llythrennol 'meddwl, teimlo neu wneud'. Felly, pan mae'n dod i fod yn hael, rhoi rhywbeth yn rhodd neu fendithio eraill, rhaid i ni feddwl, teimlo a gwneud yr un fath â Iesu.

Roedd haelioni yn un o nodweddion yr eglwys gynnar. Yn union fel mae dilysnod ar fodrwy aur yn profi o ble mae'n dod a pha mor bur ydy'r aur, mae haelioni yn un o'r nodweddion sy'n dilysu Teyrnas Dduw a'i eglwys. Yn Actau 2:42-47 mae yna ddisgrifiad ffantastig, sy'n sialens anhygoel i ni, o sut roedd yr eglwys gynnar yn ymarfer haelioni.

Y gwir ydy, fel mae Salm 24:1 yn dweud: *"Yr Arglwydd piau'r ddaear a phopeth sydd ynddi: y byd a phawb sy'n byw ynddo."* Duw sydd biau'r cwbl. Dim ti sydd piau o; Duw sydd piau popeth. Rhaid i ni roi popeth sydd gynnon ni yn ôl i Dduw ac yna gweld faint o amser, egni, arian, rhoddion ac yn y blaen, y bydd yn eu rhoi yn ôl i ni. Mae hyn i gyd er mwyn i ni allu bod yn hael tuag at eraill.

Cofia, fyddi di byth yn gallu rhoi mwy na mae Duw'n ei roi. Dwedodd Iesu ei hun yn Luc 6:38: *"Os gwnewch roi, byddwch yn derbyn. Cewch lawer iawn mwy yn ôl – wedi'i wasgu i lawr a'i ysgwyd i wneud lle i fwy! Bydd yn gorlifo! Y mesur dych chi'n ei ddefnyddio i roi fydd yn cael ei ddefnyddio i roi'n ôl i chi."* Dyna beth ydy her!

GWNEUD

Pwy elli di fod yn hael atyn nhw heddiw? Meddylia sut y galli di fod yn hael gyda dy amser, drwy ei ddefnyddio i wneud ffafr â rhywun heb ddisgwyl dim yn ôl. Falle y gallet ti eistedd i lawr a gwrando ar ffrind sy'n mynd trwy amser caled. Neu beth am wneud ychydig o lanhau i rywun arall. Meddylia am un peth a gwna gynlluniau i'w wneud.

Yna, meddylia sut y gallet ti fod yn hael gyda dy arian neu dy eiddo. Falle y gallet ti fynd â rhai o dy ddillad neu DVDs i siop elusen. Neu gallet ti noddi rhywun wyt ti'n gwybod amdano sy'n gwneud rhywbeth i godi arian. Penderfyna beth rwyt ti am ei wneud ac yna ei wneud.

Os ydy'n bosib, gwna'r pethau yna heb i neb wybod. Paid disgwyl rhyw ganmoliaeth fawr yn ôl, ond sylweddoli fod Duw wedi gweld dy haelioni di, a'th fod yn dechrau arferiad rhagorol!

GWEDDÏO

(Aros am eiliad i weddïo rhwng brawddegau)

Treulia ychydig amser yn diolch i Dduw am fod mor hael, ac am roi byd mor hardd i ni fyw ynddo – am roi i ni ei Fab Iesu i'n hachub ni, ac am lenwi'n bywydau â'i gariad, ei faddeuant a'i haelioni.

Yna dos yn dy flaen i ddiolch eto i Dduw – bydd yn hael gyda dy foliant! Siarad gyda Duw am dy awydd i fod yn hael ac am y ffyrdd rwyt ti'n bwriadu gweithredu'n hael. Gofyn i Dduw roi Ysbryd hael i ti a'th helpu i feithrin yr arferiad o fod yn hael.

'O Dduw hael, diolch i ti am bopeth rwyt ti wedi ei roi i mi – byd hardd i'w alw'n gartref, dy Fab Iesu a roddodd ei fywyd drosta i, a'r cariad, maddeuant a haelioni rwyt yn ei dywallt i'm bywyd, ddydd ar ôl dydd ar ôl dydd. Helpa fi i ddysgu o edrych ar dy haelioni di ac i dyfu'n debycach i ti. Helpa fi i fyw bywyd hael, gan roi yn rhydd i eraill heb ddisgwyl dim yn ôl. Yn enw dy Fab Iesu. Amen.'

SIARAD

Oes yna adeg pan wyt ti wedi profi haelioni rhywun tuag atat ti?
Pryd wyt ti wedi rhoi yn hael i eraill?

PALU'N DDYFNACH

- **Genesis 12:1-3.** Cyfrifoldeb gwreiddiol pobl Dduw oedd deall eu bod wedi eu bendithio i fod yn fendith i eraill.
- **Salm 112:5.** Bydd yn hael a bydd pethau yn mynd yn dda i ti.
- **Rhufeiniaid 8:32.** Mae'n ein hatgoffa am y Duw wnaeth roi ei Fab i ni, ac fydd yn cwrdd â'n anghenion i gyd.
- **2 Corinthiaid 9.** Os gwnei di roi yn hael, byddi'n derbyn yn hael gan Dduw!
- **Iago 1:5.** Os oes angen doethineb ar rywun, dylai ofyn i Dduw. Mae Duw yn rhoi yn hael i bawb.

DIWRNOD 14

DISGYBL

Beth mae'n ei olygu i fod yn ddisgybl?
Sut mae dod yn ddisgybl – a gwneud disgyblion?

DECHRAU

**Dwedodd Iesu: 'Felly ewch i wneud pobl o bob gwlad
yn ddisgyblion i mi' (Mathew 28:19)**
Ond beth ar y ddaear ydy disgybl?

MEDDWL

Roedd gan Iesu lot fawr o ddisgyblion pan oedd yma ar y ddaear. Dewisodd 12 i fod agosaf ato (Luc 6:13) ond roedd eraill hefyd yn teithio gydag o a dysgu ganddo. Disgybl ydy rhywun sy'n dilyn person arall, er mwyn dod yn debycach iddyn nhw – i feddwl, teimlo a gwneud yr un pethau â nhw. *Prentis.*

Ond dydy disgyblion ddim jest yn y Testament Newydd. Mae gwahoddiad i ti fod yn ddisgybl i Iesu, hefyd. Felly, beth mae hynny'n ei olygu?

Dydy bod yn ddisgybl ddim jest yn digwydd. Os wyt ti eisiau meddwl fel Iesu, teimlo fel Iesu a gwneud beth wnaeth Iesu, mae'n rhaid bod o ddifri.

Dyna pam dŷn ni wedi cyhoeddi **42**; i dy helpu di gyda'r camau cyntaf o fod yn ddisgybl. Ond dydy dysgu bod yn ddisgybl byth yn dod i ben; gelli ddal ati i ddysgu mwy am Iesu a dod yn debycach iddo drwy gydol dy fywyd.

Aeth y disgyblion cyntaf i bobman gydag Iesu – buon nhw'n cerdded gydag o, bwyta gydag o, gwrando arno'n dysgu, gweld sut oedd yn ymwneud â phobl, a'i weld yn gweddïo ac agosáu at Dduw. Felly, un o'r ffyrdd y byddi di'n tyfu fel disgybl ydy trwy dreulio amser gyda Christnogion sydd ychydig o dy flaen ar y daith o ddilyn Iesu.

Gwnaeth Paul hynny gyda dyn ifanc o'r enw Timotheus. Roedd o'n gweld fod gan Timotheus botensial i fod yn arweinydd, felly treuliodd amser gydag o, a mynd a fo ar rai o'i deithiau cenhadol (Actau 16:1-3). Yn ddiweddarach sgwennodd lythyrau at Timotheus pan oedd yn arwain eglwys, yn ei annog i fod yn esiampl dda i'r bobl roedd yn eu harwain, er ei fod yn ifanc (1 Timotheus 4:12).
Rydyn ni i gyd angen rhywun i'n dysgu i fod yn ddisgybl – rhywun i'n harwain ymlaen ar ein taith o ffydd – p'run ai ydyn ni'n Gristion newydd neu aeddfed.

Felly, sut mae dod o hyd i rywun i'th helpu i dyfu fel disgybl?

Os ydy dilyn Iesu yn rhywbeth newydd i ti neu os wyt ti'n newydd i'r eglwys, hola un o arweinyddion yr eglwys a byddan nhw'n siŵr o awgrymu rhywun i ti. Falle fod gen ti rywun yn dy helpu wrth i ti ddilyn y 42 sesiwn yma.

Os wyt ti wedi bod yn yr eglwys am beth amser, maen debyg y byddet ti'n hoffi dewis rhywun dy hun. Mae'n beth da i edrych ar sut roedd Iesu yn dysgu ei ddilynwyr - bydd hyn yn rhoi ryw syniad i ti o beth i chwilio amdano yn y person fydd yn dy helpu i dyfu fel disgybl.

Yn gyntaf, yn Luc 6:12 dŷn ni'n dysgu fod Iesu wedi dewis ei 12 disgybl ar ôl treulio'r nos yn gweddïo ar Dduw. Felly, *gweddïa a gofyn am arweiniad Duw i ddangos i ti pwy ddylet ti ofyn i'th helpu.* Edrych am rywun *o'r un rhyw a ti y gwyddost y byddi'n dod ymlaen yn dda gydag o neu hi.*

Yn ail, gwyliodd y disgyblion Iesu yn gweddïo ac roedden nhw'n gwybod eu bod eisiau gwneud yr un peth, felly aethon nhw ato a gofyn iddo eu dysgu i weddïo (Luc 11:1). Edrych am rywun sydd â *ffydd gref yn Nuw, rhywun wyt ti am fod yn debyg iddyn nhw, ac sydd efo rhywbeth i'w ddysgu i ti.*

Yn drydydd, yn Mathew penodau 5-7, treuliodd Iesu amser yn esbonio sut beth oedd ei Deyrnas. Felly ceisia ddod o hyd i rywun sy'n *hawdd siarad â nhw* ac yn dda am esbonio pethau: rhywun fydd yn gadael i ti ofyn lot o gwestiynau ac fydd ddim yn meindio mynd dros bethau eto hefo ti.

Yn bedwerydd, roedd Iesu'n anfon ei ddisgyblion allan bob yn ddau i wneud beth roedd o wedi'i wneud. Mae Mathew 10:1 yn dweud ei fod wedi rhoi awdurdod iddyn nhw iachau pobl a gyrru allan ysbrydion drwg, yn union fel roedd o'n gwneud. Doedd ganddo ddim ofn gadael iddyn nhw wneud camgymeriadau: gwyddai y bydden nhw'n dysgu orau drwy wneud. Tyrd o hyd i rywun fydd yn dy helpu i dyfu fel disgybl drwy *roi cyfle i ti drio pethau newydd a dysgu trwy wneud.*

Yn olaf, pan aeth Iesu yn ôl at ei Dad rhoddodd y Comisiwn Mawr i'w ddisgyblion; gallwn ddarllen amdano yn Mathew 28:16-20. Gadawodd iddyn nhw fwrw iddi. Rwyt angen rhywun fydd yn gallu gollwng gafael, unwaith mae wedi dysgu'r cwbl mae'n ei wybod i ti, ac sy'n gallu gadael i ti *symud ymlaen.*

Cofia, *dwyt ti ddim yn chwilio am rywun perffaith, ond rhywun sy'n fodlon rhannu rhywfaint o'u bywyd hefo ti a dysgu ochr yn ochr â ti.* Gweddïa, a gofyn i Dduw ddangos i ti pwy ddylet ti ofyn iddyn nhw. Falle mai'r ffordd orau i esbonio iddyn nhw beth wyt ti'n chwilio amdano ydy dangos hwn iddyn nhw - ac esbonio dy fod yn eu dewis nhw! Yna eistedd i lawr i drafod gyda nhw sut fyddai pethau gweithio orau i'r ddau ohonoch. Os nad ydyn nhw'n teimlo mai nhw ydy'r person gorau, gofynna iddyn nhw awgrymu rhywun arall. Paid ag ildio – mae'r person iawn allan yna'n rhywle!

Ac un peth arall... *Fel un sy'n dilyn Iesu byddi dithau hefyd yn helpu pobl i dyfu fel disgybl!* Gall pob un ohonom helpu rhywun sydd ddim mor bell ymlaen ar daith ffydd â ni. Falle eu bod nhw ddim hyd yn oed yn gwybod am Dduw a'i gariad tuag atyn nhw eto.

GWNEUD

Os nad oes un gen ti eto, dy sialens yw dod o hyd i rywun i'th helpu i dyfu fel disgybl – *mentor*. Dechreua drwy weddïo y bydd Duw yn dy arwain at y person cywir. Edrycha am rywun wyt ti'n ei barchu ac y gelli ddysgu ganddyn nhw. Yna siarad gyda nhw am y peth a dangos y llyfryn yma iddyn nhw. Neu gofyn i arweinyddion yr eglwys dy helpu i ddod o hyd i'r person gorau ar dy gyfer.

Os oes gen ti fentor - rhywun i'th helpu i dyfu, dy sialens di ydy dod o hyd i rywun y gelli di ei helpu i dyfu - yn union fel y gorchmynnodd Iesu yn Mathew 28.

GWEDDïO

(Aros am eiliad i weddïo rhwng brawddegau)

Meddylia am y meysydd hynny wyt ti eisiau tyfu ynddyn nhw fel dilynwr i Grist. Oes yna bethau penodol wyt ti eisiau eu dysgu?

Diolcha i Dduw ei fod am i ti fod yn ddisgybl i Iesu a thyfu yn dy ffydd.

Gofyn i Dduw ddangos i ti pwy fyddai'r person gorau i dy helpu i dyfu fel disgybl. Gofyn i Dduw dy helpu i esbonio'n union beth rwyt ti'n chwilio amdano.

'Arglwydd, diolch am yr esiampl roddodd Iesu wrth iddo rannu ei fywyd gydag eraill iddyn nhw ddysgu ganddo. Helpa fi i ddod o hyd i rywun yn fy mywyd fy hun fydd yn fy helpu i dyfu yn fy ffydd. Yn enw Iesu. Amen.'

SIARAD

Beth sy'n gwneud disgybl da?

PALU'N DDYFNACH

- **Ioan 18:15-18** ac **Ioan 21:15-17.** Doedd disgyblion Iesu ddim yn berffaith. Roedd Pedr yn gwneud camgymeriadau ond maddeuodd Duw iddo a rhoi cyfle newydd iddo.
- **1 Corinthiaid 4:16** a **1 Corinthiaid 11:1.** Dwedodd Paul wrth bobl am ddilyn ei esiampl o wrth iddo ddilyn esiampl Iesu.
- **Philipiaid 2:5-8.** Bydd yn ostyngedig wrth iti ddysgu gan yr un sy'n dy helpu i dyfu fel disgybl, yn union fel Iesu.
- **1 Thesaloniaid 2:8.** Dealla fod 'gwneud disgyblion' yn golygu 'byw bywyd' gyda phobl.
- **2 Timotheus 2:2.** Rydyn ni angen gwneud disgyblion ein hunain. Rydyn ni'n ddisgyblion, yn gwneud disgyblion, sy'n gwneud disgyblion – ac yn y blaen.

DIWRNOD 15

GWEDDI

Sut wyt ti'n siarad efo Duw?
Tyfu'n agosach at y Duw sy'n ein caru ni.

DECHRAU

Daliwch ati i weddïo. (1 Thesaloniaid 5:17)
Ond beth yn union ydy gweddïo, a sut dŷn ni'n ei wneud?

MEDDWL

Bydd y rhan fwyaf o bobl ar ryw adeg yn eu bywydau yn gweddïo ar Dduw, hyd yn oed os nad oes ganddyn nhw ffydd na'u byth yn mynd i'r eglwys. Falle mai gweddi mewn panic fydd hi: 'Plîs helpa fi yn fy arholiad!' Neu gweddi ddig: 'Pam fi, Dduw?' Falle mai gweddi o ddiolch fydd hi: 'Diolch i Dduw am hynny!'... ond mae bron pawb yn gweddïo rywbryd.

Cyswllt uniongyrchol efo Duw ydy gweddi, ac un o'r prif ffyrdd y down i'w adnabod. Dychmyga geisio dod i nabod rhywun heb siarad gyda nhw neu heb wrando ar beth sydd ganddyn nhw i'w ddweud. Meddylia am weddi fel sgwrs efo Duw ble rwyt yn siarad gydag o am yr hyn sydd ar dy galon ac yn dysgu gwrando ar beth sydd ganddo fo i'w ddweud.

Er bod gweddi yn gyffredin, mae yna wastad fwy y gallwn ei ddysgu am weddïo. Byddai disgyblion Iesu wedi tyfu fyny yn perthyn i'r ffydd Iddewig ble roedd gweddïo yn rhywbeth cyffredin yn eu bywydau bob dydd, ond pan welon nhw Iesu'n gweddïo roedden nhw'n sylweddoli fod y ffordd roedd o'n gweddïo yn wahanol. Yn Luc 11:1 dyma nhw'n gofyn iddo, *'Arglwydd.. dysga di ni [i weddïo].'*

Dysgodd Iesu iddyn nhw y weddi fwyaf ac enwocaf erioed; daeth i gael ei hadnabod fel Gweddi'r Arglwydd. Mae'n weddi y gallwn ni ei hadrodd air am air, ond mae hefyd yn batrwm da i'w ddilyn yn ein gweddïau, gan ei bod yn egluro y math o bethau y gallwn ni, ac y dylen ni, eu cyflwyno i Dduw mewn gweddi. Gelli ddod o hyd i Weddi'r Arglwydd yn Mathew 6:9-13. Gad i ni fynd drwyddi gymal wrth gymal gan ddarganfod beth mae'n ei dysgu i ni am weddi.

Ein Tad sydd yn y nefoedd – mae'n ein hatgoffa mai Duw ydy'n Tad ni a'i fod yn ein caru. Mae gweddi yn dechrau gyda pherthynas. Dŷn ni ddim yn troi at Dduw sy'n bell a brawychus; dŷn ni'n troi i siarad gyda'n Tad Nefol sy'n ein nabod ni i'r dim.

Dŷn ni eisiau i dy enw di gael ei anrhydeddu - Mae Duw yn haeddu ein clod a'n mawl. Mae dweud wrtho mewn gweddi mor wych ydy o yn ein hatgoffa ni pwy dŷn ni'n gweddïo arno, ac yn cryfhau ein ffydd.

Dŷn ni eisiau i ti ddod i deyrnasu, ac i'r cwbl sy'n dda yn dy olwg di ddigwydd yma ar y ddaear fel mae'n digwydd yn y nefoedd - mae hyn yn ein hannog i weddïo y bydd mwy o'r nefoedd yn torri trwodd ar y ddaear – yma, nawr.

Rho i ni ddigon o fwyd i'n cadw ni'n fyw am heddiw - mae'n iawn i ni ofyn i'n Tad Nefol am be dŷn ni ei angen, yn hytrach na be dyn ni eisiau yn unig ar gyfer bob dydd. Mae o wedi addo darparu ar ein cyfer. Sylwa, fodd bynnag, nad ydyn ni'n dechrau gyda beth dŷn ni eisiau. Nid rhestr siopa ydy gweddi!

Maddau i ni am bob dyled i ti – dŷn ni gyd yn amherffaith. Dŷn ni gyd yn hunanol ac yn rhoi ein hunain gyntaf weithiau. Dŷn ni'n brifo eraill a niweidio'n hunain. Mae hyn yn achosi poen i Dduw. Felly dŷn ni angen cyfaddef, ymddiheuro, a dewis eto i fod yn wahanol. Does dim angen i ni fyw gydag euogrwydd achos mae Duw bob amser yn maddau i ni pan fyddwn yn sori go iawn.

Yn union fel dŷn ni'n maddau i'r rhai sydd mewn dyled i ni - does dim pwynt gofyn i Dduw faddau i ti os wyt ti'n flin gyda rhywun am rywbeth! Dewisa faddau iddyn nhw a gweddïo drostyn nhw.

Cadw ni rhag syrthio pan fyddwn ni'n cael ein profi, ac achub ni o afael y drwg - gallwn ofyn i Dduw ein cadw'n saff rhag unrhyw niwed a'n cadw'n agos ato. Gallwn ddweud wrtho am bethau penodol sy'n ein poeni.

Gall fod yn help i ddefnyddio hwn fel patrwm gweddi gan ei fod yn ein rhwystro rhag ffocysu arnon ni'n hunain ac yn ein hatgoffa o bwy ydy Duw. Gelli dreulio faint bynnag o amser wyt ti eisiau ar bob rhan o'r weddi, gan ddweud wrth Dduw am bopeth sy'n dy boeni.

Fodd bynnag, nid traffig un ffordd ydy gweddi. Mae angen i ni ddysgu *gwrando ar Dduw* hefyd. Mae bod yn dawel ym mhresenoldeb Duw a jest 'bod' yn ei gwmni yn bwysig iawn hefyd. Yn raddol byddwn yn dysgu clywed llais Duw. Gallet ddewis defnyddio Gweddi'r Arglwydd fel patrwm ar gyfer dy amser gweddi, ac yna treulio pump i ddeg munud mewn tawelwch, yng nghwmni Duw.

Mae gweddi yn daith sy'n ein tynnu'n agosach at Dduw. Byddi'n dal ati i ddysgu mwy am weddi drwy gydol dy fywyd, felly paid ag oedi - bwrw iddi!

GWNEUD

Defnyddia Weddi'r Arglwydd fel patrwm ar gyfer dy weddïau dros yr wythnos nesaf. Dewis amser o'r dydd sydd orau i ti: mae'n well gan rai peth cyntaf yn y bore; mae eraill yn gweddïo cyn mynd i gysgu. Chwilia am y weddi yn Mathew 6:9-13 a dos drwyddi gymal wrth gymal. Darllen y cymal ac yna, ychwanegu dy eiriau dy hun, gan ehangu ar y thema honno. Gwna nodyn o'r pethau rwyt wedi gweddïo amdanyn nhw ac unrhyw beth wyt ti'n teimlo mae Duw'n ei ddweud wrthot ti.

GWEDDÏO

(Aros am eiliad i weddïo rhwng brawddegau)

Treulia beth amser yn diolch i Dduw mai fo ydy dy Dad, a'i fod yn llawn cariad tuag atat ti.

Diolch i Dduw am y rhodd o weddi. Gofyn iddo dy ddysgu di sut i weddïo.

Beth sydd ar dy feddwl y funud yma? Rho fo i Dduw mewn gweddi. Dywed wrth Dduw sut wyt ti'n teimlo a beth wyt ti'n dyheu amdano.

'Dad cariadus, diolch fy mod yn gallu dod atat ti, fel ydw i. Does dim angen cymryd arna i fod yn rhywbeth arall; rwyt yn fy nerbyn â breichiau agored. Dysga fi i weddïo, Arglwydd, er mwyn i mi gael perthynas gref gyda ti, yn ddiogel yn dy gariad ac yn ymwybodol o beth rwyt am i mi ei wneud. Yn enw Iesu. Amen.'

SIARAD

Sut wyt ti'n gweddïo?
Pryd a ble wyt ti'n hoffi gweddïo?

PALU'N DDYFNACH

- **2 Cronicl 7:14-15.** Mae Duw yn ein dysgu i ymostwng a gweddïo ar i'n gwlad gael ei hiacháu.
- **Mathew 7:7-11.** Mae Duw yn gorchymyn i ni ofyn a dal ati i ofyn, curo a dal ati i guro, chwilio a dal ati i chwilio.
- **Mathew 18:19-20.** Mae cyfarfod gyda phobl eraill i weddïo yn beth pwerus iawn.
- **Rhufeiniaid 8:26-27.** Weithiau allwn ni ddim dod o hyd i'r geiriau iawn wrth weddïo, ond mae Ysbryd Duw yn gweddïo ar ein rhan ac mae Duw yn gwybod yn union beth dŷn ni eisiau ei ddweud.
- **Philipiaid 4:6-7.** Dydy Duw ddim eisiau i ni boeni am ddim byd ond gofyn am bopeth sydd arnom ei angen.

DIWRNOD 16

DARLLEN Y BEIBL

Stori Fawr Duw. Sut allwn ni gysylltu â hi, ei deall, a'i chymhwyso i'n bywydau?

DECHRAU

Mae neges Duw yn fyw ac yn cyflawni beth mae'n ei ddweud. (Hebreaid 4:12)
Beth wyt ti'n feddwl o'r Beibl?

MEDDWL

I Gristnogion, nid dim ond llyfr cyffredin ydy'r Beibl; mae'n Air Duw – neges Duw i ni. Mae wedi ei basio lawr o genhedlaeth i genhedlaeth a'i gyfieithu'n ofalus fel bod cymaint o bobl ag sy'n bosib yn elwa o'i ddoethineb bywiol.

Mae'r Beibl yn dweud am berthynas Duw gyda'r ddynoliaeth ers dechrau amser. Nid jest rhyw lawlyfr ar gyfer bywyd ydy o. *Stori fawr Duw* ydy o, yn dangos sut dŷn ni yn ffitio i mewn i'r darlun mawr a sut mae Duw eisiau parhau i weithio yn ein bywydau. Mae'n llawn o egwyddorion i ni eu dilyn fydd yn gwneud bywyd yn well. Mae'n llawn storïau am bobl ddilynodd Duw, y gallwn ddysgu ganddynt. O fewn i'w gloriau gallwn ddarganfod sut un ydy Duw a sut mae o eisiau perthynas gyda ni. Ac mae'n rhoi syniad i ni o beth sydd i ddod yn y dyfodol. Y cyfan mewn un llyfr!

Mae 2 Timotheus 3:16 yn dweud: *"Duw sydd wedi ysbrydoli'r ysgrifau sanctaidd hynny i gyd, ac maen nhw'n dysgu beth sy'n wir i ni, yn cywiro syniadau anghywir, yn dangos beth dŷn ni'n ei wneud o'i le, a'n dysgu ni i fyw yn iawn."* Mae'r Beibl yn llyfr ymarferol all wneud gwahaniaeth yn ein bywydau.

I ddweud y gwir nid un llyfr ydy'r Beibl; mae'n llyfrgell o 66 llyfr. Mae rhai ohonyn nhw yn *gofnod hanesyddol*; rhai yn *llythyrau* ysgrifennwyd gan bobl at yr eglwys gynnar; rhai yn *farddoniaeth a chaneuon*; a rhai yn llawn *dywediadau doeth*; mae rhai yn dweud wrthon ni am *fywyd Iesu*. Mae'n bwysig deall natur pob darn dŷn ni'n ei ddarllen.

Gan fod cymaint yn y Beibl, gall fod yn anodd gwybod ble i ddechrau.

Felly, sut mae cael y gorau allan o'r Beibl? Dyma rai awgrymiadau:

Yn gyntaf, does dim un ffordd gywir o ddarllen y Beibl; rhaid i ti ddarganfod beth sydd orau i ti. Y peth cyntaf yn y bore neu cyn mynd i'r gwely? Cymaint ag y gelli neu ychydig adnodau ar y tro? Ar ben dy hun neu gyda ffrindiau? Rhaid i ti arbrofi i weld beth sy'n gweithio i ti.

Yn ail, paid a dechrau yn Genesis a cheisio ei ddarllen yr holl ffordd i'r diwedd. Gan mai llyfrgell o lyfrau ydy o gelli ddewis ym mha drefn i'w darllen. Mae Efengyl Marc yn lle da i ddechrau lle gelli ddarganfod mwy am fywyd Iesu.

Yn drydydd, mae ansawdd yn well na faint wyt ti'n ddarllen. Paid meddwl fod rhaid i ti ddarllen darnau mawr ar y tro. Mae cnoi cil ar ychydig adnodau a sut maen nhw'n berthnasol i ti yn llawer mwy gwerthfawr. Mae Salm 119:103 yn dweud fod geiriau Duw yn felys fel mêl. Gwna'n siŵr dy fod yn ei flasu! Gofynna i'r Ysbryd Glân dy helpu i'w ddeall.

Defnyddia fersiwn o'r Beibl sy'n hawdd i'w ddeall. Er enghraifft, mae beibl.net yn fersiwn sy'n rhoi gwirioneddau Duw mewn iaith syml a dealladwy.

Paid bod ag ofn marcio dy Feibl. Aroleua adnodau sy'n sefyll allan i ti. Ysgrifenna gwestiynau neu esboniadau ar ymyl y ddalen.

Ceisia ddysgu rhai o'r adnodau rwyt yn eu darllen – un yr wythnos efallai. Fel yna byddi'n gallu bwydo ar Air Duw hyd yn oed pan nad oes Beibl wrth law.

Os wyt ti'n dod o hyd i rywbeth wyt ti ddim yn ei ddeall, gwna nodyn ohono a holi Cristion arall amdano. Paid bod ag ofn gofyn cwestiynau am y Beibl.

Falle y byddai defnyddio cynllun darllen y Beibl gyda nodiadau o help i ti. Mae llawer o'r rhain yn awgrymu darn o'r Beibl i'w ddarllen bob dydd gydag esboniad byr o'r darn. Gofyn i rywun yn yr eglwys awgrymu cynllun i ti.

Mae darllen y Beibl mewn grŵp yn help mawr. Gelli ofyn cwestiynau a gweld beth mae pobl eraill yn ei feddwl. Gofyn yn dy eglwys os oes yna grŵp addas i ti, ac os nad oes un, beth am ofyn fyddai rhywun yn fodlon dechrau un!

Dal ati – bydd ambell i ddiwrnod ble na fyddi'n cael rhyw lawer o beth ti'n ddarllen, a byddi'n ei gael yn anodd i'w ddeall. Mae treulio amser yn darllen Gair Duw wastad yn fuddiol; mae Diarhebion 3:1-7 yn ei ddisgrifio fel ffisig neu foddion fydd yn ein cadw'n iach!

Cofia'r pedair llythyren **Y S G G**:

Y am **Ysgrythur** (gair arall am y Beibl) - cofia ei ddarllen.
S am **Sylwi** - beth wnes di sylwi arno wrth ddarllen y Beibl.
G am **Gweithredu** - sut mae gweithredu'r hyn rwyt wedi sylwi arno wrth ddarllen y Beibl, yn dy fywyd.
G am **Gweddïo** - gweddïa y bydd Gair Duw yn newid dy fywyd, drwy'r Ysbryd Glân.

Am beth wyt ti'n disgwyl? Dechreua'r arferiad o ddarllen y Beibl – o heddiw ymlaen – a darganfod stori fawr Duw a'i wahoddiad i ti chwarae dy ran.

GWNEUD

Dy sialens ydy darllen y Beibl bob dydd dros yr wythnos nesaf. Dechreua gydag Efengyl Marc, a darllen un bennod y dydd. Noda un peth rwyt wedi'i ddysgu, un cwestiwn sydd gen ti, ac un peth mae Duw, o bosib, yn gofyn i ti ei wneud. Ar ddiwedd yr wythnos penderfyna sut wyt ti am fwrw ymlaen!

GWEDDÏO

(Aros am eiliad i weddïo rhwng brawddegau)

Treulia amser yn diolch i Dduw am y Beibl.

Siarada hefo Duw am dy deimladau am y Beibl – wyt ti'n frwd i'w ddarllen? Yn ei gael yn boring? Yn ddryslyd? Bydd yn onest.

Gofynna i Dduw agor y gair i ti, i'th helpu i'w ddeall, a gweld beth mae o am i ti ei wneud gyda'r hyn rwyt yn ei ddarllen.

'Arglwydd Dduw, diolch i ti am dy air, y Beibl, a'r holl ddoethineb sydd ynddo. Plîs agora'r gair i mi, a dangos dy wirionedd. Siarada efo fi drwy'r Beibl a helpa fi i roi ar waith beth dw i'n ei ddarllen. Yn enw Iesu. Amen.'

SIARAD

Beth wyt ti'n ei awgrymu sy'n help i rywun fwrw iddi i ddarllen y Beibl?

PALU'N DDYFNACH

- **Salm 1:1-3.** Mae myfyrio ar air Duw yn dod â llu o fendithion!
- **Salm 119:9-11.** Mae gair Duw yn ein cadw rhag pechu.
- **Salm 119:105.** Bydd gair Duw yn ein harwain ar y ffordd gywir drwy fywyd.
- **Luc 4:16-21.** Roedd gan Iesu barch mawr at yr ysgrythurau, sef ein Hen Destament ni.
- **Hebreaid 4:12.** Mae'r awdur yn dweud fod gan y Beibl rym i gyffwrdd realiti dyfnaf ein bywydau.

DIWRNOD 17

EGLWYS

Ydy mynd i'r eglwys yn bwysig?
Deall sut mae Duw yn gweld yr eglwys – a'n rôl ni ynddi.

DECHRAU

Mae'n bwysig ein bod yn dal ati i gyfarfod â'n gilydd. (Hebreaid 10:25)
Wyt ti'n cwrdd â Christnogion eraill yn rheolaidd yn yr eglwys?

MEDDWL

Beth mae'r gair 'eglwys' yn ei olygu? Os edrychi mewn geiriadur, y diffiniad cyntaf gei di ydy adeilad neu le o addoliad. I'r rhan fwyaf o bobl, adeilad i fynd iddo ydy 'eglwys'. Falle y bydd rhywun yn gofyn, 'Ble mae dy eglwys di?' Neu hyd yn oed: 'Faint o eglwysi sydd yn dy dref?'

Ond, yn y Testament Newydd mae 'eglwys' yn air mwy gweithredol - mae'n disgrifio rhywbeth wyt ti'n ei wneud, neu beth wyt ti. Felly, fel Cristion, dwyt ti ddim yn 'mynd' i eglwys – *ti ydy'r eglwys* pan wyt ti'n cyfarfod gyda phobl eraill sy'n credu, yn enw Iesu. Pobl ydy'r eglwys, nid yr adeilad. Yr eglwys ydy *pobl Dduw ar genhadaeth Duw.* Dwedodd Iesu, pan mae dau neu dri yn cwrdd yn ei enw, y bydd o yna gyda nhw (Mathew 18:20). Felly, mae Iesu yn dod i fod yn eglwys gyda ni.

Mae hyn yn golygu nad rhyw gamp i unigolyn, fel dringo creigiau, ydy bod yn Gristion. Mae'n fwy o weithgaredd tîm fel pêl droed. Does dim pwynt, na fawr o hwyl i'w gael wrth chwarae pêl droed ar dy ben dy hun – mae angen tîm. Yn yr un ffordd, mae'n rhaid i bob Cristion fod yn rhan o eglwys. Mae Hebreaid 10:25 yn dweud: *"Mae'n bwysig ein bod yn dal ati i gyfarfod â'n gilydd... Dylen ni annog a rhybuddio'n gilydd drwy'r adeg..."*

Dywedodd Iesu yn Mathew 16:18 y byddai'n adeiladu ei eglwys. Dim ond un eglwys sydd gan Grist ar y ddaear, ond mae yna lot o wahanol ffurfiau iddi. Yn aml, mae eglwysi wedi eu rhannu'n enwadau, er enghraifft Annibynwyr, Methodistiaid, Bedyddwyr, Anglicaniaid, eglwysi newydd, a llawer mwy. Bydd gan bob un bwyslais sy'n ei wneud ychydig yn wahanol, dull o addoli, trefn yr arweinyddiaeth, ac yn y blaen.

Gyda chymaint o wahanol fathau o eglwysi, sut mae dewis?
Mae yna adnodau yn Actau 2:42-47 sy'n help mawr – mae'n disgrifio sut eglwys oedd yr un gyntaf. Mae yma ddeg peth i chwilio amdanyn nhw mewn eglwys sy'n tyfu:

1. Mae'n dweud fod y Cristnogion cyntaf wedi dilyn beth oedd yr apostolion cyntaf yn ei ddysgu. Felly mae dysgeidiaeth sydd *wedi ei sylfaenu ar y Beibl* yn bwysig iawn.

2. Roedden nhw hefyd yn wedi ymrwymo i feithrin *perthynas agos a chefnogol* drwy fod yn hael tuag at ei gilydd.

3. Roedden nhw'n *dathlu'r cymun* yn rheolaidd gyda'i gilydd, i gofio marwolaeth ac atgyfodiad Iesu.

4. Roedd *gweddi* yn rhan bwysig o fywyd yr eglwys.

5. Roedden nhw'n disgwyl gweld *Duw ar waith yn oruwchnaturiol* yn eu plith, yn ateb gweddïau ac yn iacháu pobl.

6. Roedden nhw'n *rhannu* eu bywydau a'u heiddo gyda'i gilydd ac yn rhoi i bobl mewn angen.

7. Roedden nhw'n *cwrdd â'i gilydd* fel yr eglwys gyfan, mewn un grwp mawr, ond hefyd mewn grwpiau llai ble gallai pobl ddod i adnabod ei gilydd yn well.

8. Roedden nhw'n gyson yn moli ac *addoli* Duw.

9. Roedden nhw'n *gwasanaethu'r gymdeithas* o'u cwmpas ac felly'n uchel eu parch.

10. Roedden nhw'n gweld lot o *bobl yn dod yn Gristnogion* ac ymuno â'u heglwys.

Dyna ddeg arwydd o eglwys sy'n weithgar, yn iach ac yn tyfu!
Wrth gwrs does dim un eglwys berffaith, ac weithiau mae'n anodd dod ymlaen â phawb a dod o hyd i ddulliau o addoli a dysgu sy'n siwtio cymaint o wahanol bobl. Ond mae'n werth dyfalbarhau, oherwydd dyna sut mae Iesu eisiau i ni fod.

Cofia bob amser mor bwysig wyt *ti* i'r eglwys. Fel mae'r corff yn ei chael hi'n anodd i weithio gyda dim ond un fraich, neu gyda llygad ar goll, felly hefyd bydd yr eglwys yn ddiffygiol hebddot.

GWNEUD

Mae'n hawdd iawn gweld yr holl bethau sydd o'i le ar dy eglwys! Os ydy hynny'n wir amdanat ti penderfyna fod ag agwedd bositif am y mis nesaf. Bob tro y byddi'n mynd, chwilia am rywbeth i fod yn ddiolchgar amdano. Gwna bwynt o ddweud rywbeth positif wrth y gweinidog am y gwasanaeth neu weithgarwch. Dywed helo wrth rywun wyt ti ddim wedi siarad â nhw o'r blaen. Beth am ofyn os oes yna rhywbeth y gelli di ei wneud i helpu, fel gwneud paned neu osod y cadeiriau allan ar fore Sul.

GWEDDÏO

(Aros am eiliad i weddïo rhwng brawddegau)

Os wyt yn perthyn i eglwys, dechreua drwy ddiolch i Dduw am y bobl sy'n rhan o'r eglwys hefo ti.

Gofynna i Dduw dy helpu i fod yn aelod gweithgar o'r eglwys, yn gweithio gydag eraill i ddod i adnabod Duw yn well a'i wasanaethu.

Os nad wyt yn perthyn i eglwys, siarada gyda Duw am beth sy'n dy gadw draw. Gofynna i Dduw dy helpu i ddod o hyd i eglwys lle byddi'n teimlo'n gartrefol ac yn gallu cyfrannu.

'Iesu, diolch i ti dy fod yna pan fyddwn yn cyfarfod â'n gilydd yn dy enw di. Helpa fi i chwarae fy rhan yn yr eglwys rwyt wedi fy ngalw i berthyn iddi, gan groesawu eraill yn dy enw. Amen.'

SIARAD

Beth wyt ti'n ei hoffi fwyaf am dy eglwys?
Beth sy'n gwneud eglwys dda?
Os nad wyt ti'n mynd i eglwys, sut eglwys fyddet ti'n hoffi bod yn rhan ohoni?

PALU'N DDYFNACH

- **Rhufeiniaid 12:3-5.** Fel eglwys, dŷn ni'n rhan o rywbeth gymaint mwy na ni ein hunain.
- **1 Corinthiaid 12:12-31.** Mae Paul yn disgrifio'r eglwys fel corff – mae pob rhan yn bwysig.
- **Effesiaid 5:25-27.** Mae Iesu'n *caru*'r eglwys – sef ti a fi!
- **Colosiaid 1:17-20.** Crist ei hun ydy pen yr eglwys.
- **1 Pedr 2:4-12.** Mae Pedr yn disgrifio'r eglwys fel tŷ. Dŷn ni i gyd fel cerrig wedi ein hadeiladu ar y sylfaen, sef Iesu.

DIWRNOD
18

ADDOLIAD

Beth yn union ydy addoli?
Sut i feithrin bywyd o wir addoliad?

DECHRAU

...dw i'n apelio ar i chi roi eich hunain yn llwyr i Dduw. Cyflwyno eich cyrff iddo fel aberthau byw... Dyna ydy addoliad go iawn! (Rhufeiniaid 12:1)
Beth ydy addoliad a pham mae o'n bwysig?

MEDDWL

Mae'n siŵr dy fod wedi clywed y gair 'addoliad' lawer gwaith. Ond wyt ti erioed wedi stopio a meddwl beth ydy o, a pham dŷn ni'n ei wneud o?

Y diffiniad o addoliad yn y geiriadur ydy rhoi *anrhydedd a defosiwn* i rywun neu rywbeth. Mae'r Beibl yn sôn lot fawr am addoli Duw, felly gad i ni weld pam a sut mae gwneud hynny.

Yn gyntaf, dŷn ni'n addoli Duw am ei fod yn *haeddu hynny*. Mae Salm 145:3 yn dweud: *"Mae'r ARGLWYDD yn fawr, ac yn haeddu ei foli! Mae ei fawredd tu hwnt i'n deall ni."* Po fwyaf dŷn ni'n ei ddeall am Dduw, pwy ydy o a beth mae o wedi'i wneud droson ni, gymaint mwy y byddwn ni eisiau ei addoli. Bydd yr addoliad hwnnw yn gorlifo o'r diolch yn ein calonnau.

Un tro, daeth dyn at Iesu a gofyn iddo beth oedd y peth pwysicaf allai o ei wneud mewn bywyd. Ateb Iesu yn Marc 12:30-31 oedd: *"Rwyt i garu'r Arglwydd dy Dduw â'th holl galon, ac â'th holl enaid, â'th holl feddwl ac â'th holl nerth. A'r ail ydy: 'Rwyt i garu dy gymydog fel rwyt ti'n dy garu dy hun."*

Caru Duw gyda'r cwbl sydd ynon ni – dyna ydy addoliad. Wrth agosáu at Dduw byddwn yn dechrau caru'r hyn mae o'n ei garu. Dŷn ni'n caru pobl. Dŷn ni'n caru byd Duw.

Wrth gwrs, mae yna gyfnodau pan fyddwn ni'n ymuno gyda Christnogion eraill i addoli, p'run ai yn yr eglwys neu mewn rhyw grŵp arall neu yng nghartref rhywun. Dylai addoliad fod yn ffordd o fyw yn hytrach nag un cyfarfod.

Os ydyn ni'n caru'r un pethau â Duw byddwn yn caru *cyfiawnder, haelioni, caredigrwydd a daioni* – sy'n golygu y byddwn eisiau gweld y pethau yna yn digwydd fwyfwy yn ein byd.

Byddwn hefyd yn casáu'r pethau mae Duw yn eu casáu. Pethau fel *tlodi, digartrefedd, newyn, gormes, salwch a dioddefaint.* Bydd addoli Duw yn ein cymell i weithio tuag at weld newid.

Mae Duw'n yn ein hatgoffa yn rymus iawn yn Amos 5:23-24 fod addoli yn llawer mwy na dim ond canu. Mae ynglŷn â gweld *cyfiawnder Duw yn torri allan* ar draws y byd.

Mae Rhufeiniaid 12:1-2 yn ein gwahodd ni i roi ein hunain yn llwyr i Dduw fel ebyrth byw, ac mai dyna ydy addoliad go iawn. Felly, gallwn gynnig pob rhan o'n dydd i Dduw mewn addoliad: ein hamser yn y gwaith neu mewn addysg, ein cyfeillgarwch a'n perthynas ag eraill, ein prydau bwyd, beth dŷn ni'n ei wisgo, sut dŷn ni'n ymwneud ag eraill, ac yn y blaen.

Fyddwn ni ddim bob amser yn teimlo fel addoli Duw, ond mae'n bwysig fod gynnon ni'r ewyllys i wneud hynny beth bynnag. Wrth i ni ddechrau addoli bydd ein teimladau'n disgyn i'w lle. Yn Salm 103 mae Dafydd yn dweud: *"Fy enaid, bendithia'r ARGLWYDD!"* Mae fel petai'n siarad ag o'i hun, ac yn annog ei hun i addoli, gan atgoffa ei hun o'r holl bethau anhygoel mae Duw wedi'i wneud drosto.

Dŷn ni byth ar ein pennau hunain wrth addoli. Pan siaradodd Iesu am addoli yn Ioan 4:24 dwedodd mai Ysbryd ydy Duw a bod rhaid i'w ddilynwyr *addoli mewn ysbryd a gwirionedd.* Felly mae'r Ysbryd Glân yn ein helpu yn ein haddoliad. Mae'n Ysbryd creadigol – yr Ysbryd oedd yna'n hofran dros y byd adeg y creu, ac sy'n ysbrydoli a llenwi ein haddoliad o Dduw.

Mae pobl yn gallu addoli lot o wahanol bethau a rhaid i ni wylio rhag y temtasiwn yna yn ein bywydau ein hunain. Pan oedd Iesu yn cael ei demptio yn yr anialwch dangosodd y diafol holl wledydd y byd iddo a dweud: *"Gwna i adael i ti reoli'r rhain i gyd, a chael eu cyfoeth nhw hefyd... os gwnei di fy addoli i, cei di'r cwbl"* (Luc: 4:6). Atebodd Iesu ar unwaith mai Duw yn unig oedd o am ei addoli, ond mae'r temtiad yma gan y diafol yn dangos fod beth bynnag dŷn ni'n dewis ei addoli – boed dda neu ddrwg - yn siŵr o gael peth awdurdod arnon ni.

Addola dy bartner, a fo neu hi fydd flaenaf yn dy fywyd, ond Duw ddylai fod flaenaf yn dy fywyd. Addola dy ddelwedd neu dy steil dy hun a byddi'n gaeth i falchder a chymharu dy hun ag eraill, yn lle ffocysu ar roi'r clod i Dduw.

Felly dysga roi dy hun i Dduw mewn addoliad, cyffroi dy galon a chynnig popeth sydd gen ti iddo. *Addoliad go iawn ydy caru Duw, caru'r hyn mae o'n ei garu a chasáu'r hyn mae o'n ei gasáu.*

Gobeithio y bydd dy addoliad yn dy ysbrydoli i gofleidio cenhadaeth Duw i ddod â gobaith, help ac iachâd i fyd toredig.

GWNEUD

Cyfansodda salm o fawl i Dduw, yn dweud wrtho mor fawr ydy o. Mae llawer o'r Salmau yn ganeuon acrostig – mae pob llinell yn dechrau gyda llythyren o'r wyddor Hebreig. Beth am i ti geisio meddwl am air i ddisgrifio Duw yn dechrau gyda phob un llythyren o'n wyddor ni, a gad i hynny dy arwain i addoli.

GWEDDÏO

(Aros am eiliad i weddïo rhwng brawddegau)

Mae'r adnodau hyn o ddechrau Salm 100. Defnyddia nhw i addoli Duw.

Gwaeddwch yn uchel i'r ARGLWYDD holl bobl y byd!
Addolwch yr ARGLWYDD yn llawen;
a dod o'i flaen gan ddathlu!
Cyffeswch mai'r ARGLWYDD sydd Dduw;
Fe ydy'r un a'n gwnaeth ni, a ni ydy ei bobl e -
y defaid mae'n gofalu amdanyn nhw.

'Arglwydd, does dim digon o eiriau yn y byd i gyd i mi fynegi fy nghariad tuag atat ti. Rwyt yn haeddu pob clod a mawl. Helpa fi i'th addoli di â'm holl fywyd. Amen.'

SIARAD

Beth ydy dy hoff ddull di o addoli Duw?

PALU'N DDYFNACH

- **2 Samuel 6:14.** Roedd Dafydd wedi ymgolli cymaint wrth addoli Duw, dawnsiodd o flaen yr Arglwydd â'i holl egni a doedd dim bwys ganddo fod ei wraig yn ei wawdio.
- **Eseia 58:6-14.** Mae Duw yn ein hatgoffa y dylai ein haddoliad ein symbylu i gofleidio ei agenda o gyfiawnder yn y byd.
- **Mathew 6:5-8.** Paid ceisio bod yn rhywbeth yn gyhoeddus i greu argraff ar eraill os nad wyt felly hefyd pan ar dy ben dy hun.
- **Iago 4:8.** Wrth i ni addoli Duw mae o'n agosáu aton ni.
- **Datguddiad 4:11.** Dŷn ni'n addoli am fod Duw yn haeddu ei foli – oherwydd pwy ydy o a beth mae wedi'i wneud.

GWASANAETHU

Beth ydy ystyr gwasanaethu heddiw?
Dilyn esiampl Iesu a dysgu gwasanaethu pobl eraill.

DECHRAU

Dwedodd Iesu wrth ei ddisgyblion, 'Rhaid i'r sawl sydd
am arwain ddysgu gwasanaethu'
(Mathew 20:26)
Beth mae'n ei olygu i wasanaethu, a pam mae Iesu eisiau i
ni wneud hynny?

MEDDWL

Os dŷn ni'n onest rydyn ni'n byw mewn byd hunanol ble mae pawb eisiau
cwrdd â'u hanghenion eu hunain yn gyntaf cyn meddwl am neb arall. Gall
bywyd, yn hawdd, fod gymaint am gael, yn hytrach na rhoi. Felly, dydy
siarad am wasanaethu ddim yn debygol o fod yn gyffrous na deniadol! Gad
i ni fod yn hollol glir o'r dechrau: *os wyt yn un o ddilynwyr Iesu rwyt wedi dy
alw i wasanaethu.* Yn fwy na hynny, mae'n beth da, anrhydeddus, derbyniol
a phleserus i fod ac i'w wneud. Gad i ni edrych ar dri rheswm am hyn:

Yn gyntaf, dŷn ni'n *gwasanaethu am mai Iesu ydy'r Bos.* Dŷn ni'n gwybod
ei fod wedi ein hachub ni o bechod a hunanoldeb, marwolaeth a dinistr.

Dyna pam mae'r Beibl yn ei alw yn Achubwr, am ei fod wedi'n hachub ni! Mae hyd yn oed ei enw, Iesu, yn golygu 'Achubwr pobl'. Ond am bob un tro mae'r Beibl yn ei alw'n Achubwr mae'n ei alw yn Arglwydd naw gwaith, sy'n golygu'n llythrennol 'Y Bos'. Os mai Iesu ydy'r Bos, rhaid i ni ddewis a ydyn ni'n mynd i ufuddhau iddo a'i wasanaethu ai peidio. Yn Ioan 12:26 mae Iesu'n dweud: *"Os dych chi am fy ngwasanaethu i rhaid i chi ddilyn yr un llwybr â mi. Byddwch chi'n cael eich hun yn yr un sefyllfa a fi. Y rhai sy'n fy ngwasanaethu i fydd Duw, fy Nhad, yn eu hanrhydeddu."*

Yn ail, dŷn ni'n gwasanaethu am *mai dyna'r esiampl roddodd Iesu i ni.* Yn Philipiaid 2:5-8 mae Paul yn dweud wrthon ni am fod â'r un agwedd a Iesu. Mae'n dweud fod Iesu yn *"rhannu'r un natur â Duw, heb angen ceisio gwneud ei hun yn gydradd â Duw; ond dewisodd roi ei hun yn llwyr i wasanaethu eraill, a gwneud ei hun yn gaethwas, a dod aton ni fel person dynol - roedd yn amlwg i bawb ei fod yn ddyn. Yna diraddio ei hun fwy fyth, a bod yn ufudd, hyd yn oed i farw - ie, trwy gael ei ddienyddio ar y groes."* Cyn i Iesu ddod i'r ddaear roedd yn rheoli'r bydysawd, ochr yn ochr â Duw gyda phopeth dan ei awdurdod. Dewisodd roi hynny i gyd o'r neilltu a dod i'r byd fel caethwas.

Yna, pan oedd yma ar y ddaear, dewisodd wasanaethu ei ddisgyblion. Ychydig cyn iddo farw, rhannodd bryd o fwyd arbennig gyda'i ffrindiau, mewn ystafell oedd wedi ei benthyg ar gyfer yr achlysur. Gelli ddarllen yr hanes yn Ioan 13. Yn y dyddiau hynny roedd pobl yn gwisgo sandalau a byddai eu traed yn baeddu'n hawdd ac yn drewi. Fel arfer pan oeddech yn mynd i dŷ rhywun byddai gwas yn golchi eich traed fel arwydd o groeso. Doedd gan Iesu a'i ddisgyblion ddim gweision i wneud hynny. Gelli eu dychmygu nhw'n edrych ar ei gilydd ac yn meddwl, 'Byddai'n braf cael rhywun i olchi fy nhraed.' Doedd dim un ohonyn nhw i'w weld yn fodlon gwneud hynny i'w gilydd. Yna, dyma nhw'n cael eu syfrdanu pan gododd Iesu ar ei draed, tywallt dŵr i fowlen a golchi eu traed nhw bob yn un. Dyma Greawdwr y bydysawd yn gwneud gwaith y caethwas isaf!

Roedd Iesu yn gallu gwneud hyn am ei fod yn sicr o pwy oedd o. Yn Ioan 13:3 mae'n dweud fod Iesu yn gwybod pwy oedd o, o ble roedd wedi dod ac i ble roedd yn mynd. Gwyddai nad oedd ei hunaniaeth yn dod o beth wnaeth o, ond o pwy oedd o. Felly, roedd yn hapus i wasanaethu ei ffrindiau a rhoi esiampl anhygoel i ni.

Y trydydd rheswm ein bod yn gwasanaethu yw am fod *Iesu wedi dweud wrthon ni am wneud hynny.* Yn Mathew 20:20-28 daeth mam dau o'i ddisgyblion (Iago ac Ioan) at Iesu, a gofyn a allai ei meibion hi gael awdurdod pan fyddai'n dod i deyrnasu. Ateb Iesu oedd, *"Rhaid i bwy bynnag sydd am fod yn geffyl blaen fod yn was i eraill. Wnes i hyd yn oed, ddim disgwyl i bobl eraill fy ngwasanaethu i, er mai fi ydy Mab y dyn."*

Felly, mae gwasanaethu yn beth anrhydeddus i'w wneud; rhywbeth dŷn ni'n ei wneud am ein bod yn caru Iesu ac am fod yn fwy tebyg iddo. Dŷn ni'n ei wasanaethu o, yn sicr o'n hunaniaeth fel plant Duw, nid fel caethweision ond fel ffrindiau i Iesu. Pwy wyt ti'n gallu ei wasanaethu heddiw?

GWNEUD

Wyt ti'n barod i fod yn rhan o'r Gwasanaeth Cudd? Meddylia pwy y gallet ti ei wasanaethu heddiw. Beth allet ti ei wneud i rywun i'w gwneud nhw'n wirioneddol hapus? Meddylia am y tasgau hynny sy'n rhaid eu gwneud ond does neb yn hoffi eu gwneud, fel golchi llestri, hwfro, smwddio neu lanhau toiledau! Paid a dewis yr opsiwn hawsaf – dewisa rywbeth fydd yn fendith i rywun arall, nid i ti dy hun! Penderfyna beth rwyt am ei wneud ac yna dos a'i wneud heb i neb wybod, heb ddisgwyl gwobr na chlod ond dy fod yn dewis gwasanaethu am mai dyna mae Iesu am i ti ei wneud.

GWEDDïO

(Aros am eiliad i weddïo rhwng brawddegau)

Beth am ddechrau trwy ddiolch i Iesu am roi esiampl o sut i wasanaethu drwy ddod i'r ddaear fel person dynol.

Diolcha i Dduw am dy hunaniaeth ynddo fo, dy fod yn blentyn iddo a'i fod yn dy garu.

Gofynna i Dduw dy helpu i wasanaethu eraill yn frwd, a chyda chalon lawen. Siarada efo Duw am y cyfleoedd y byddi'n eu cael i wasanaethu eraill dros y dyddiau nesaf. Gofynna iddo dy helpu i fod yn fendith i eraill.

'Iesu, diolch am dy esiampl o sut i wasanaethu. Diolch am fod yn barod i adael y mawredd a'r grym oedd gen ti yn y nefoedd a dod i'r ddaear yn berson dynol. Helpa fi i wasanaethu eraill gyda chalon barod ac yn ufudd i ti. Yn dy enw di Arglwydd Iesu. Amen.'

SIARAD

Sut deimlad ydy o pan fydd rywun yn dy wasanaethu di? Ym mha ffyrdd wyt ti wedi gwasanaethu eraill yn ddiweddar?

PALU'N DDYFNACH

- **Josua 24:14-15.** Yn cyflwyno sialens a ydyn ni'n mynd i wasanaethu Duw neu rywbeth arall.
- **1 Samuel 12:24.** Dŷn ni'n gwasanaethu Duw wrth gofio cymaint mae o wedi'i wneud droson ni.
- **Luc 22:24-27.** Daeth Iesu i'r byd fel gwas.
- **Galatiaid 5:13-14.** Mae Duw wedi ein rhyddhau ni o afael pechod ac euogrwydd; dylen ni ddefnyddio'r rhyddid yna i wasanaethu eraill.
- **1 Pedr 4:10.** Dylen ni ddefnyddio ein doniau i wasanaethu eraill.

RHOI

Pa mor hawdd wyt ti'n ei chael hi i roi?
Dysgu byw, a rhoi, fel mae Duw am i ti wneud.

DECHRAU

Os gwnewch roi, byddwch yn derbyn. Cewch lawer iawn mwy yn ôl – wedi ei wasgu i lawr, a'i ysgwyd i wneud lle i fwy! Bydd yn gorlifo!" (Luc 6:38)
Pa mor hael wyt ti?

MEDDWL

Mae testun heddiw yn rhywbeth dŷn ni wrth ein boddau pan mae rhywun arall yn ei wneud i ni; ond mae'n fwy o sialens pan fyddwn ni'n ei wneud i bobl eraill. Swnio'n rhyfedd? Dw i'n siarad am *roi*. Dŷn ni wrth ein bodd pan mae pobl yn rhoi i ni, ond sut rai ydyn ni am roi i eraill... ac i Dduw?

Y peth cyntaf i'w gofio wrth feddwl am roi ydy fod *Duw eisiau ein bywyd ni'n gyfan gwbl*. Mae o eisiau dy amser, dy egni, dy berthynas ag eraill, dy ddyfodol, dy orffennol a dy arian. Y rheswm ydy mai Duw roddodd y cwbl i ti yn y lle cyntaf! Mac Salm 24:1 yn dweud: "Yr ARGLWYDD piau'r ddaear a phopeth sydd ynddi." Pan dŷn ni'n rhoi, dŷn ni ond yn rhoi yn ôl i Dduw beth mae o wedi'i roi i ni.

Mae'r Beibl yn sôn yn benodol am roi ein hamser a'n harian i Dduw. O'r dechrau cyntaf yn Genesis 2:1 mae disgwyl i ni gadw'r Saboth – rhoi un diwrnod o'r wythnos i Dduw. Yn gynnar iawn yn y Beibl, yn Lefiticus 27:30-34, mae gofyn i'r Israeliaid roi un rhan o ddeg o'u cynnyrch iddo.

Wyt ti erioed wedi ystyried pam fod Duw eisiau ein hamser a'n harian? Ai am fod dim llawer o weithwyr ganddo a'i fod yn methu gwneud popeth heb ein help ni? Neu am ei fod o'n dioddef oherwydd y dirwasgiad ac yn brin o arian ar hyn o bryd?

Wrth gwrs ddim! Pwrpas rhoi ein hamser a'n harian i Dduw ydy ein cael ni i ddibynnu mwy arno fo. Mae'n ein stopio rhag dibynnu ar ein cyfoeth, neu'n gallu i ddarparu ar gyfer ein hunain, ac yn ein helpu ni i i'w drystio fo.

Felly, faint ddylen ni ei roi? Lle da i *ddechrau* ydy edrych ar y canllawiau sydd i'w gweld yn yr Hen Destament, sy'n gofyn i'r bobl roi un rhan o saith o'u hamser, ac un rhan o ddeg o'u harian. Y pwynt ydy: dechrau yn rhywle – ac yna ceisio bod yn fwy hael pob blwyddyn.

Falle dy fod yn teimlo nad oes gen ti ryw lawer o arian ac na elli di fforddio rhoi, ond y cwestiwn ddylet ti ei ofyn ydy hwn: elli di fforddio peidio rhoi, os mai dyna mae Duw yn gofyn i ni ei wneud? Gad i ni fod yn hael wrth roi, wedi'r cyfan mae Duw wedi bod yn *eithriadol o hael* aton ni.

Mae rhoi yn brawf da o beth sy'n wirioneddol bwysig i ni. Dwedodd Iesu, yn Mathew 6:21: *"Lle bynnag mae dy drysor di y bydd dy galon di."* Os mai pethau materol fel cael y ffôn symudol diweddaraf sy bwysicaf i ni, yna dyna fydd yn rheoli ein calonnau. Ond mae'r gwrthwyneb yn wir hefyd: os mai Iesu sydd bwysicaf, dyna ble byddwn yn buddsoddi ein hamser a'n harian.

Felly, i beth ddylen ni roi ein harian? Eto yma, mae'r Hen Destament yn rhoi egwyddorion da sy'n dal yn berthnasol. Roedd yr Israeliaid yn cyflwyno offrymau oedd yn cynnal yr offeiriaid oedd yn gwasanaethu Duw yn y deml (gw. Lefiticus 6 a 7). Felly dylen ni roi i'n heglwys leol i gynnal ein gweinidog a gwaith yr eglwys yn y gymuned leol.

Roedden nhw hefyd yn cael eu hannog i fod yn hael tuag at y tlawd, y gwan a'r diamddiffyn, oedd yn golygu gweddwon a phlant amddifad bryd hynny (Exodus 22:22). Mae angen i ninnau roi i'r bobl dlotaf yn ein byd, p'run ai yn ein gwlad ein hunain neu dramor.

Cofia, *fedri di FYTH roi mwy nag mae Duw yn ei roi*. Dwedodd Iesu yn Luc 6:38: *"Os gwnewch roi, byddwch yn derbyn. Cewch lawer iawn mwy yn ôl - wedi ei wasgu i lawr, a'i ysgwyd i wneud lle i fwy! Bydd yn gorlifo! Y mesur dych chi'n ei ddefnyddio i roi fydd yn cael ei ddefnyddio i roi'n ôl i chi."*

Mae yna lawer o resymau pam ddylen ni roi...

- Am ein bod ni'n ddiolchgar i Dduw.
- Am ein bod yn trystio Duw gyda'n bywydau.
- Am fod yna lawer o anghenion yn y byd.
- Am, yn y pen draw, fod Iesu yn gorchymyn i ni roi.

Felly, cyflwyna dy hun i fywyd o roi, a darganfod, fel mae Paul yn dyfynnu Iesu yn Actau 20:35, *Mae rhoi yn llawer gwell na derbyn.*

 **GWNEUD**

Dy sialens heddiw ydy rhoi rhywbeth i rywun. Gall fod yn arian, yn amser i helpu rhywun; gall fod y bar siocled yna sydd yn dy boced. Penderfyna beth rwyt ti'n mynd i'w roi ac yna gwneud hynny'n llawen – dyna mae Duw am i ni ei wneud! Yna, dros yr wythnosau nesaf, meddylia sut y gelli di ddod i'r arfer o roi.

GWEDDÏO

(Aros am eiliad i weddïo rhwng brawddegau)

Dos ati i siarad efo Duw am sut wyt ti'n teimlo am roi.

Dechreua drwy ddiolch i Dduw am bopeth mae o wedi'i roi i ti – y byd hyfryd o'th gwmpas, dy deulu a'th ffrindiau, y rhodd o'i Fab, Iesu. Mae cymaint i ddiolch i Dduw amdano.

Yna, cydnabod mai Duw sydd biau pob dim sydd gen ti beth bynnag. Meddylia am y pethau mwyaf gwerthfawr sydd gen ti – Duw sydd biau'r cyfan.

Gofynna i Dduw dy helpu i wneud defnydd doeth o'r hyn sydd gen ti. Gofynna iddo dy helpu i fod yn hael wrth roi. Dewisa gredu y bydd Duw yn darparu ar dy gyfer.

'Dduw Dad, rwyt ti wedi rhoi cymaint imi. Diolch am dy haelioni: dy fod yn darparu popeth sydd arna i ei angen. Helpa fi i fod yn fwy hael; i roi fy amser a'm harian yn llawen. Amen.'

SIARAD

Sut wyt ti'n teimlo am y syniad o roi dy arian a'th amser i ffwrdd? Poeni? Hapus? Blin?

PALU'N DDYFNACH

- **Diarhebion 11:24.** Mae'r ddihareb hon yn tanlinellu polisi economaidd Duw; ein bod ni'n derbyn i'r graddau dŷn ni'n rhoi.
- **Malachi 3:10.** Mae Duw yn ein gwahodd i roi ei haelioni ar brawf – i ti ddarganfod na elli roi mwy nag mae o wedi'i roi!
- **Mathew 6:25-34.** Mae Iesu yn dweud wrthon ni i drystio y bydd Duw yn darparu ar ein cyfer – mae o'n gwybod beth dŷn ni ei angen.
- **Luc 21:1-4.** Paid poeni os nad oes gen ti lawer i'w roi; mae Iesu'n canmol gweddw dlawd am roi dwy geiniog yn unig.
- **2 Corinthiaid 9:6-8.** Mae Duw wrth ei fodd pan dŷn ni'n rhoi yn hael a llawen.

RHANNU DY FFYDD

*Ydy rhannu dy ffydd yn bwysig i ti?
Sut i fynd ati i gyflawni'r genhadaeth fwyaf
roddodd Iesu i ni?*

DECHRAU

...sut maen nhw'n mynd i gredu ynddo heb fod wedi
clywed amdano? (Rhufeiniaid 10:14)
Felly, job pwy ydy dweud wrth bobl am Iesu?

MEDDWL

Sut ddoist ti i wybod am Iesu? Meddylia am y daith wnaeth dy arwain i gyflwyno dy fywyd iddo. Pwy oedd y bobl gafodd ran yn y daith?

Nawr, meddwl am y bobl sydd o'th gwmpas nad ydyn nhw'n nabod Iesu. Sut maen nhw'n mynd i ddod i wybod pwy ydy Iesu a beth mae wedi ei wneud drostyn nhw?

Yr ateb ydy drwy Gristnogion cyffredin fel ti. Dy gyfrifoldeb di a'th fraint ydy dweud wrth bobl am Iesu.

Gwnaeth Iesu hynny'n hollol glir yn ei eiriau olaf i'w ddisgyblion. Yn Mathew 28:19-20 dwedodd: *"Felly ewch i wneud pobl o bob gwlad yn ddisgyblion i mi, a'u bedyddio nhw fel arwydd eu bod nhw wedi dod i berthynas â'r Tad, a'r Mab a'r Ysbryd Glân. A dysgwch nhw i wneud popeth dw i wedi ei ddweud wrthoch chi"*

Mae'r newyddion da am Iesu i fod fel cylchoedd mewn dŵr, yn ymestyn allan nes byddwn wedi cyrraedd yr holl fyd. Roedd disgyblion cyntaf Iesu i wneud mwy o ddisgyblion, roeddent hwythau yn eu tro i wneud disgyblion, ac yn y blaen, nes i'r newyddion da ein cyrraedd ni. Nawr ein cyfrifoldeb ni ydy ei basio ymlaen.

Pam fod angen i ni wneud hynny? Yn gyntaf, dyna'r *genhadaeth* roddodd Iesu i ni yn Mathew 28:19-20. Yn ail, mae Iesu yn *caru* pawb yn y byd ac am i bawb ddod i'w nabod. Mae 2 Pedr 3:9 yn dweud fod Duw yn *amyneddgar* ac am i bawb droi oddi wrth bechod fel na fyddan nhw'n mynd i *ddistryw*. Yn drydydd, mae Iesu eisiau i bawb *glywed* y newyddion da amdano cyn iddo ddod yn ôl, felly gorau po gyntaf y byddwn ni'n dweud wrth bobl, a phan ddaw yn ôl, a bydd bob poen, pechod, salwch a dioddef yn dod i ben.

Mae'r tri rheswm yna yn dipyn o gymhelliad onid ydyn nhw? Fodd bynnag, os dŷn ni'n onest, mae dweud wrth bobl am Iesu yn gallu bod yn anodd. Falle ein bod yn ofni cael ein gwrthod, y byddwn ni'n gwneud camgymeriadau, y bydd pobl yn chwerthin ar ein pennau, neu y byddwn ni'n methu ateb eu cwestiynau.

Dylen ni gofio nad ydyn ni ar ein pennau ein hunain. Mae Iesu wedi rhoi ei Ysbryd i ni i'n helpu i gyfathrebu'r neges. Dwedodd Iesu wrth ei ddisgyblion yn Luc 12:12 y byddai'r Ysbryd Glân yn rhoi'r geiriau cywir iddyn nhw pan oedden nhw'n cael eu hunain mewn sefyllfaoedd anodd.

Yn Actau 1:8 dwedodd Iesu wrth ei ddisgyblion y bydden nhw'n dystion iddo ar hyd a lled y byd drwy nerth yr Ysbryd Glân. Y cwbl mae tyst yn ei wneud yw rhannu ei brofiad; ei stori. Falle nad ydy'r atebion i gyd gen ti ond elli di ddim gwadu'r gwahaniaeth mae Duw yn ei wneud yn dy fywyd.

Felly, sut allwn ni rannu'r newyddion da am Iesu gyda'n ffrindiau? Yn gyntaf, rhaid i ni *dderbyn* mai dyna ydy'n gwaith ni. Wyt ti'n barod i dderbyn y sialens? Os felly, rhaid i ni *weddïo* y bydd Iesu yn rhoi ei gariad i ni a'i dosturi tuag at ein ffrindiau ac aelodau o'n teulu sydd ddim yn ei nabod, ac y bydd yn tynnu pobl ato'i hun.

Dŷn ni angen bod yn *ffrindiau da* iddyn nhw, gan ddangos y gwahaniaeth mae Iesu wedi'i wneud yn ein bywydau, drwy'r hyn a wnawn. Dŷn ni angen *hyder i ddweud ein stori*, a rhannu'n profiad o Iesu: 'Dyma sut o'n i... Dyma wnaeth Iesu... Dyma sut ydw i nawr...' Rhaid i ni fod yn hy wrth wahodd ffrindiau i'n heglwys. Cofia fod gweithredoedd yn gallu dweud mwy na geiriau – ond bydd barod i esbonio dy weithredoedd.

Mae gen ti gyfle a braint arbennig i ddweud wrth bobl am yr ymrwymiad rwyt wedi'i wneud. Gofynna i Iesu roi i ti'r geiriau rwyt eu hangen, y cyfle i'w dweud nhw, a'r hyder i fwrw iddi!

GWNEUD

Dewisa un person yr hoffet ti ei weld yn dod i nabod Iesu. Gweddïa drostyn nhw a ti dy hun – y bydd Duw yn gweithio ynddyn nhw drwy'i Ysbryd ac y bydd yn rhoi cyfleoedd i ti rannu dy ffydd.

Ymrwyma i weddïo hyn bob dydd yr wythnos yma a disgwyl i weld beth fydd Duw yn ei wneud!

GWEDDïO

(Aros am eiliad i weddïo rhwng brawddegau)

Cofia nad wyt ti ar dy ben dy hun pan mae angen i ti rannu dy ffydd. Mae Duw wedi rhoi'r rhodd o'i Ysbryd i'th nerthu.

Dechreua drwy ddiolch i Dduw ei fod wedi dy achub a rhoi bywyd newydd i ti. Diolcha iddo am y bobl hynny wnaeth dy arwain di ato.

Tyrd â'th deulu a'th ffrindiau sydd ddim yn nabod Iesu at Dduw. Gofynna iddo weithio yn eu calonnau a dy helpu i rannu dy ffydd gyda nhw.

Gweddïa'n benodol dros un neu ddau o bobl – fod Duw yn rhoi cyfleoedd i ti yn ystod yr wythnosau nesaf i siarad efo nhw am Iesu.

'Arglwydd Dduw, diolch am y bywyd newydd rwyt wedi'i roi i mi. Helpa fi i rannu'r gyda'm ffrindiau a theulu, y stori anhygoel am beth mae Iesu wedi'i wneud. Plîs gweithia ynddyn nhw drwy dy Ysbryd fel eu bod yn barod i ymateb. Helpa fi i gael hyder, i fod yn dirion ac yn ddoeth, ac i siarad am fy mhrofiad ohonot ti. Yn enw Iesu. Amen.'

SIARAD

Sut ddoist ti yn Gristion? Gofynna i bobl weddïo drosot ti wrth i ti rannu dy ffydd gyda dy ffrindiau.

PALU'N DDYFNACH

- **Mathew 5:16.** Mae Duw yn dweud wrthym y gall y ffordd dŷn ni'n byw ein bywydau arwain pobl at Dduw.
- **Actau 1:6-8.** Mae Iesu yn ein hatgoffa ein bod i fod yn dystion iddo ar hyd a lled y byd drwy nerth yr Ysbryd.
- **2 Corinthiaid 5:11-21.** Mae Paul yn esbonio mai cynrychiolwyr Crist ydyn ni.
- **1 Timotheus 4:12:** Y dulliau gwahanol dŷn ni'n gosod esiampl drwy ein ffydd.
- **1 Pedr 3:15-16.** Bydd yn barod bob tro i roi ateb i bawb sy'n gofyn i ti am y gobaith sydd gen ti.

DIWRNOD 22

DONIAU YSBRYDOL

Sut wyt ti'n teimlo wrth dderbyn rhoddion?
Beth ydy'r doniau mae Duw am eu rhoi yn rhodd i ni,
a pham?

DECHRAU

Rhowch y flaenoriaeth i gariad, ond ceisiwch yn frwd beth sy'n dod o'r Ysbryd. (1 Corinthiaid 14:1)
Beth ydy doniau'r Ysbryd a pam ddylen ni fod eisiau nhw?

MEDDWL

Mae'r rhan fwyaf ohonom wrth ein bodd yn derbyn rhoddion, ond ar hyd a lled y wlad mae yna swyddfeydd post yn llawn pecynnau a pharseli sydd heb gyrraedd pen eu taith. Mynydd o stwff gwerthfawr – wedi'u lapio'n flêr, gyda'r cyfeiriad yn anghywir, anrhegion pen-blwydd, Nadolig a phriodas. Anrhegion di-ri!

Oni fyddai'n wych cael ein gollwng yn rhydd yn un o'r ystordai yna? Ond wedyn, onid ydy hi'n drist meddwl am yr holl anrhegion yna wnaeth ddim cyrraedd pen eu taith? Chafodd y person roedden nhw ar eu cyfer mo'r pleser o'u derbyn.

Yn Mathew 7:9-11, mae Iesu yn cymharu ein tadau daearol gyda Duw, ein Tad Nefol cariadus. Mae'n dweud: *"Pwy ohonoch chi fyddai'n rhoi carreg i'ch plentyn pan mae'n gofyn am fara? Neu neidr pan mae'n gofyn am bysgodyn? Felly os dych chi sy'n ddrwg yn gwybod sut i roi anrhegion da i'ch plant, mae'ch Tad yn y nefoedd yn siŵr o roi rhoddion da i'r rhai sy'n gofyn iddo!"*

Mae Duw *wrth ei fodd yn rhoi rhoddion i ni.* Byddai hi'n drueni ac yn wastraff ofnadwy petai Duw yn cael ei hun gyda mynydd o ddoniau nefol oedd wedi bwriadu eu rhoi i ti - doniau roedd o eisiau eu rhoi i ti, ond dy fod ti wedi dewis peidio credu hynny na'u derbyn. Felly gad i ni feddwl mwy am y doniau mae Duw yn eu rhoi i ni.

Yn gyntaf, *mae Duw wedi rhoi doniau i ti oherwydd pwy mae wedi dy greu di i fod.* Mewn geiriau eraill, mae Duw wedi dy ddonio mewn ffordd sy'n unigryw i ti. Dyna pam mae cymharu dy hun ag eraill yn dda i ddim ac yn rhywbeth ddylet ti mo'i wneud. Dydy Duw ddim am i ti fod fel unrhyw un arall; mae o eisiau i ti ddarganfod a defnyddio'r doniau naturiol mae e wedi'u rhoi i ti – fel bod yn dda mewn chwaraeon, neu bwnc academaidd, gwneud ffrindiau newydd, neu bod yn artistig. Mae'r rhain yn ddoniau i'w darganfod a'u defnyddio gydol ein bywydau.

Mae Duw wedi rhoi doniau i ni hefyd drwy ei Ysbryd Glân. Mae'r rhain yn ddoniau sy'n mynd y tu hwnt i'n doniau naturiol ac sydd fel offer i wneud gwaith Duw – maen nhw'n rhoddion goruwchnaturiol. Mae ychydig bach mwy o waith dad-lapio i'w wneud ar ddoniau'r Ysbryd Glân. Edrych yn fanwl ar y rhestr o ddoniau yn 1 Corinthiaid 12:1-11 a Rhufeiniaid 12:3-8. Dydy'r rhain ddim yn restr cyflawn, ond mae'n le da i ddechrau deall rhai o'r declynnau'r Ysbryd Glân y mae Duw am eu rhoi i ni, fel gallwn helpu a gwasanaethu eraill gymaint gwell.

Un o'r doniau yma ydy *gair o ddoethineb* – gair neu gymal gan Dduw, tu hwnt i brofiad, gallu naturiol neu ddoethineb y siaradwr, sy'n dad-gloi sefyllfa anodd, lawn tensiwn neu heriol. Defnyddiodd Iesu'r ddawn yma pan ddaeth torf o ddynion blin â gwraig ato oedd wedi cael ei dal yn cael rhyw gyda dyn oedd ddim yn ŵr iddi (gw. Ioan 8). Roedd y gyfraith yn dweud y dylai gael ei llabyddio i farwolaeth ac roedd y dynion eisiau gwybod beth fyddai Iesu yn ei wneud. Meddyliodd Iesu am ychydig ac yna dweud y dylai pwy bynnag oedd heb bechu o gwbl daflu'r garreg gyntaf. Bob yn un dyma'r dynion yn gadael achos roedden nhw'n gwybod na allen nhw hawlio bod yn ddibechod. Roedd gair Iesu o ddoethineb wedi tawelu'r cynnwrf.

Dawn arall ydy'r *ddawn i iacháu* – y gallu i weddïo gyda ffydd a gweld pobl yn cael eu hiacháu'n gorfforol, emosiynol, neu'n ysbrydol. Iachaodd Iesu lot o bobl. Roedd gwraig oedd â gwaedlif arni ers 12 mlynedd, un fyddai'n cael ei gwrthod gan gymdeithas, wedi sleifio i fyny tu ôl iddo a chyffwrdd y taselau ar ei glogyn achos roedd yn gwybod y byddai hynny'n ddigon i'w iacháu. Trodd Iesu ati i siarad â hi, er mwyn gwneud siŵr ei bod yn gwybod ei bod nid yn unig wedi ei hiacháu ond hefyd fod Duw yn ei charu a'i derbyn.

Yna mae'r *ddawn o broffwydo* – dawn sy'n cael ei rhoi i annog pobl drwy gyhoeddi gair Duw i mewn i'w sefyllfa. Dydy'r math yma o broffwydo ddim o reidrwydd am yr hyn sy'n mynd i ddigwydd yn y dyfodol; mae'n dangos beth mae Duw yn ei feddwl o sefyllfa ar y funud hon ac yn annog pobl i ddewis gwasanaethu Duw â'u holl galon.

Wrth i ti astudio'r Beibl byddi'n darganfod fod yna lawer o'r doniau yma mae Duw eisiau eu rhoi i ni i'n hadeiladu fel pobl Dduw a gwneud ei waith yn y byd.

Felly, sut mae derbyn y doniau yma? Mae Paul yn dweud wrthon ni i *geisio'r doniau yma'n frwd*. Felly, pa un o'r doniau yma sy'n sefyll allan i ti? Pa un fyddet ti'n hoffi ei gael i dy helpu i wasanaethu Duw a phobl eraill? Dos amdani – mentra'r cwbl! Gallet dderbyn y cwbl! Paid bod yn Gristion sy'n setlo am y lleia. Gofynna am bopeth!

Ar ôl gofyn, mentra allan yr wythnos yma a dilyn dy 'deimladau ysbrydol' achos, mwy na thebyg, Duw sy'n dy brocio ymlaen. Gweddïa dros bobl sâl. Gwna bethau caredig a gwasanaethu pobl. Dywed beth mae Duw eisiau ei ddweud wrth weddïo dros rywun a'i fendithio. Rho dro arni! Mae'n amser byw yn oruwchnaturiol mewn ffordd all dim ond disgybl i Iesu ei wneud.

GWNEUD

Darllena am ddoniau'r Ysbryd yn 1 Corinthiaid 12:1-11 a Rhufeiniaid 12:3-8. Os nad wyt ti'n deall beth ydyn nhw a sut maen nhw'n cael eu defnyddio, dos i siarad gyda Christion arall. Gofynna i Dduw roi doniau Ysbrydol i ti a dywed wrtho pa un hoffet ti ei chael. Yna, tria ei defnyddio yr wythnos yma.

GWEDDÏO

(Aros am eiliad i weddïo rhwng brawddegau)

Diolcha i Dduw am ei haelioni a'i awydd i roi pethau da i'w blant. Dywed wrtho am rai o'r pethau rwyt ti'n teimlo'n ddiolchgar amdanyn nhw heddiw.

Siarada efo Duw am dy ddoniau naturiol. Gofynna iddo ddangos i ti sut elli di eu defnyddio er ei fwyn ef.

Siarada efo Duw am ddoniau'r Ysbryd, a dywed wrtho pa un fyddet ti'n hoffi ei chael fwyaf. Gofynna i Dduw dy arfogi gyda doniau'r Ysbryd fel y gelli eu defnyddio yn ei Deyrnas.

'Dduw hael, rwyt wedi rhoi cymaint i mi – diolch am dy gariad, dy faddeuant, a'r iachawdwriaeth rwyt wedi'i rhoi i mi yn Iesu. Helpa fi i ddefnyddio'r doniau rwyt wedi'u rhoi i mi i'th wasanaethu, a dysga fwy i mi am ddoniau dy Ysbryd a sut i'w defnyddio. Yn enw Iesu. Amen.'

SIARAD

Pa un o ddoniau'r Ysbryd fyddet ti'n hoffi ei gael?

PALU'N DDYFNACH

- **Exodus 35:31.** Edrycha ar y doniau creadigol roddodd Duw i'r cymeriad yma o'r Hen Destament.
- **1 Corinthiaid 2:1-5.** Mae Paul yn atgoffa'r eglwys mai nerth Duw yn gweithio drwyddo sy'n gwneud gwahaniaeth yn y pen draw.
- **1 Corinthiaid 13:1-3.** Mae bod â doniau, ond eu defnyddio heb gariad yn dda i ddim.
- **1 Corinthiaid 14 :12.** Dŷn ni ddim i ddefnyddio doniau er ein lles ein hunain ond i adeiladu'r eglwys.
- **Effesiaid 4:11-13.** Mwy o ddoniau mae Duw yn eu rhoi i adeiladu'r eglwys.

DIWRNOD 23

YMPRYDIO

Pam ddylen ni wneud heb rywbeth?
Deall beth ydy ymprydio a pham dŷn ni'n ei wneud.

DECHRAU

Pan fyddwch chi'n ymprydio, peidiwch gwneud i'ch hunain edrych yn drist er mwyn gwneud sioe...
Dim ond dy Dad, sy'n anweledig, fydd yn gweld; a bydd dy Dad, sy'n gweld pob cyfrinach, yn rhoi dy wobr i ti.
(Mathew 6:16-18)
Felly beth ydy ymprydio a pham ddylet ti ei wneud?

MEDDWL

Mae **42** i fod i dy helpu i dyfu yn dy berthynas â Iesu, dod i'w nabod yn well a bod yn debycach iddo. Mae hynny'n cymryd amser; mae'n broses, nid yn rhywbeth sy'n digwydd dros nos. Ond mae yna rai pethau fydd yn dy helpu i dyfu'n gynt yn dy ffydd – ac un o'r rheiny ydy ymprydio.

Mae llawer o sôn am ymprydio yn y Beibl, yn yr Hen Destament a'r Testament Newydd. Mae'n golygu mynd heb rywbeth sy'n bwysig i ni er mwyn gallu treulio mwy o amser yn gweddïo ac yn agosáu at Dduw.

Gwnaeth Iesu hyn ei hun, reit ar ddechrau ei weinidogaeth. Gyda help yr Ysbryd Glân, treuliodd gyfnod heb fwyd yn yr anialwch, a dod trwy'r profiad yn gallu gwrthsefyll temtasiynau Satan ac yn gwybod yn iawn beth roedd Duw am iddo'i wneud.

Mae'n amlwg fod Iesu yn disgwyl i'w ddisgyblion (sef ti a fi) ymprydio. Yn Mathew 6:16-18 mae'n dweud, "**Pan** fyddwch yn ymprydio" nid "**Os** byddwch yn ymprydio": Mae'n dweud: *"Pan fyddwch chi'n ymprydio, peidiwch gwneud i'ch hunain edrych yn drist er mwyn gwneud sioe; mae'r bobl sy'n gwneud hynny yn cuddio eu hwynebau er mwyn i bobl sylwi eu bod yn ymprydio... Pan fyddi di'n ymprydio, rho olew ar dy ben, criba dy wallt a golcha dy wyneb. Wedyn fydd neb yn gallu gweld dy fod ti'n ymprydio. Dim ond dy Dad, sy'n anweledig, fydd yn gweld; a bydd dy Dad, sy'n gweld pob cyfrinach, yn rhoi dy wobr i ti."*

Felly, beth ydy pwynt ymprydio? Dydy o ddim byd i'w wneud â cheisio plesio Duw a dangos mor ysbrydol ydyn ni, na chesio troi ei fraich i gael ein ffordd ein hunain.

Mae ymprydio yn ein helpu mewn sawl ffordd.

Yn gyntaf, mae ymprydio yn ffordd wych o gofio *cymaint mae Duw wedi ein bendithio*. Weithiau dŷn ni ddim ond yn gwerthfawrogi rhywbeth pan mae rhaid gwneud hebddo!

Yn ail, *mae ymprydio yn ein hatgoffa i weddïo*. Pan mae dy stumog yn rwmblan eisiau bwyd mae fel cloc larwm yn dy atgoffa i weddïo. Yna gelli droi'r awch am fwyd yn weddi, 'Arglwydd, dw i'n awchu mwy ar i ti ateb i fy ngweddi nac ydw i am fwyd.'

Mae ymprydio yn *creu amser a gofod i weddïo mwy*. Meddylia mewn difri calon gymaint mwy o amser fyddai gen ti i weddïo tase ti'n rhoi heibio mynd ar y rhyngrwyd neu wylio'r teledu am ddiwrnod! Mae ymprydio yn dangos i Dduw ein bod wir eisiau ei nabod a threulio mwy o amser mewn gweddi.

Mae gwahanol bethau y gelli di wneud hebddyn nhw wrth ymprydio. Y syniad ydy gwneud heb rywbeth y byddet ti wir yn ei golli; rhywbeth sy'n bwysig iawn i ti.

Mae mynd heb fwyd am un pryd neu fwy yn un opsiwn, ond gallet ti ymprydio drwy beidio gwylio'r teledu, stopio bwyta siocled am gyfnod, neu adael dy ffôn symudol adref am ddiwrnod. Byddi'n gwybod pa un fyddai anoddaf, a'r un fyddai Duw am i ti drio gwneud hebddo.

Does dim angen dweud na ddylen ni wneud rhywbeth fyddai'n gwneud drwg i ni. Er enghraifft, os wyt ti'n sâl, mae angen i ti fwyta. Dydy mynd heb fwyd ddim yn beth doeth os wyt wedi dioddef o ryw anhwylder bwyta erioed. Bydd yn ddoeth. Trafod dy fwriad i ymprydio gyda rhywun arall fel eu bod nhw yn gallu ystyried dy les di.

Felly mwynha'r hunanddisgyblaeth mae ymprydio yn ei roi i ti a chei weld os wyt yn clywed Duw yn gliriach. Mae o eisiau siarad gyda ti. Mae o eisiau dy drawsnewid. Dechreua ar y daith o arfer ymprydio fel ffordd i ddyfnhau dy berthynas gyda Duw.

 **GWNEUD**

Dy sialens heddiw ydy ymprydio am awr drwy wrthod rhywbeth rwyt wrth dy fodd yn ei wneud a threulio peth o'r amser yna yn gweddïo yn lle. Gweddïa y byddi'n dod i nabod Duw yn well, gofyn i Dduw beth mae eisiau ei ddangos i ti, a threulia amser yn derbyn ei gariad.

 **GWEDDÏO**

(Aros am eiliad i weddïo rhwng brawddegau)

Cymer ennyd i weddïo am ymprydio.

Dywed wrth Dduw sut wyt ti'n teimlo am y syniad o ymprydio. Gelli fod yn onest gydag o.

Wyt ti'n meddwl fod Duw yn gofyn i ti ymprydio? Beth wyt ti angen gwneud hebddo? Siarada gyda Duw am y peth.

'Arglwydd, diolch dy fod yn dyheu ar i mi ddod i'th nabod yn well. Helpa fi i ddarganfod ymprydio fel ffordd o dreulio mwy o amser yn dy gwmni, a plîs tyrd a chwrdd â fi pan dw i'n gwneud hynny. Yn enw Iesu. Amen.'

SIARAD

**Wyt ti wedi clywed am ymprydio o'r blaen?
Beth wyt ti'n feddwl o'r syniad?**

PALU'N DDYFNACH

- **Nehemeia 1.** Mae Nehemeia yn ymprydio a gweddïo er mwyn derbyn doethineb Duw ynglŷn â sut i adfer Jerwsalem.
- **Eseia 58:1-5.** Dydy ymprydio ar ei ben ei hun ddim yn plesio Duw. Rhaid ei wneud gyda'r cymhelliant cywir.
- **Joel 2:12-13.** Mae Duw yn ein hannog i droi'n ôl ato drwy ymprydio.
- **Actau 13:1-3.** Roedd y Cristnogion cyntaf yn ymprydio a gweddïo pan oedd ganddyn nhw benderfyniadau pwysig i'w gwneud.
- **1 Corinthiaid 6:19-20.** Mae ein cyrff yn demlau i'r Ysbryd Glân.

DIWRNOD 24

GWAITH

Beth mae Duw yn ei feddwl am waith?
Bod â'r un agwedd a fo ym mhob peth a wnawn.

DECHRAU

Gwnewch eich gorau glas bob amser, fel tasech chi'n gweithio i'r Arglwydd ei hun, a dim i feistri dynol. (Colosiaid 3:23)
Beth ydy'r agwedd orau at waith?

MEDDWL

Beth mae Duw yn ei feddwl am weithio? Fyddai'n syndod gen ti wybod mai syniad Duw oedd gweithio yn y lle cyntaf? Mae Genesis 1:28 yn dweud fod Duw wedi creu Adda ac Efa a dweud wrthyn nhw: *"Dw i eisiau i chi gael plant, fel bod mwy a mwy ohonoch chi. Llanwch y ddaear a defnyddiwch ei photensial hi; a bod yn feistr sy'n gofalu am y pysgod sydd yn y môr, yr adar sy'n hedfan yn yr awyr, a'r holl greaduriaid sy'n byw ar y ddaear."* Rhoddodd Duw waith i bobl ei wneud – i ofalu am y ddaear, i'w darganfod a'i datblygu, a'i llenwi â mwy o bobl. *Mae gwaith yn dda ac yn rhodd gan Dduw.*

Pam bod Duw yn meddwl fod gweithio yn beth da? Mae Duw wedi rhoi doniau i bob un ohonon ni eu defnyddio yn y byd. Mae Exodus 31 yn sôn am ddyn o'r enw Betsalel oedd yn grefftwr oedd Duw wedi rhoi doniau arbennig iawn iddo, a defnyddiodd y doniau hynny i harddu'r deml.

Felly, pam bod gwaith mor bwysig?

Yn gyntaf, dŷn ni'n cael rhyw deimlad o *gyflawni rhywbeth ac o bwrpas* pan fyddwn yn defnyddio'r doniau mae Duw wedi'u rhoi i ni. Dŷn ni'n gwneud beth mae Duw eisiau i ni ei wneud.

Yn ail, mae gweithio yn un o'r ffyrdd y gallwn *anrhydeddu* Duw. Yn y pen draw Duw ydy'n bos ni, a fo ydy'r bos gorau yn y byd i gyd. Dylen ni fod eisiau gwneud ein gorau glas i'n bos nefol, fel rhan o'n haddoliad.

Yn drydydd, mae gweithio yn ein helpu i *ddarparu ar gyfer ein teuluoedd* ac ar gyfer y bobl hynny sy'n methu gweithio am eu bod yn hen neu'n sâl.

Mae'n hawdd iawn gweld sut mae gwaith wedi'i sbwylio a throi i fod yn rhywbeth na fwriadodd Duw iddo fod. Mae rhai pobl yn gweithio er mwyn cael cymaint o arian â phosib, hyd yn oed os ydy hynny'n golygu fod pobl eraill yn dioddef o ganlyniad. Mae rhai yn meddwl fod eu gwerth yn dibynnu ar y math o waith maen nhw'n ei wneud. Maen nhw wedi gwneud y camgymeriad o ffeirio eu gwir hunaniaeth (pwy ydyn nhw) am eu hunaniaeth eilradd (beth maen nhw'n wneud neu beth sydd ganddyn nhw). Gall gwaith fod y prif beth sy'n gyrru rhai pobl – yn rhuthro drwy'r adeg, byth wedi gorffen, wastad yn edrych am y peth nesaf i'w wneud.

Cofia, nid cael dy dalu ydy'r prif reswm dros weithio. Mae'r diffiniad Beiblaidd o waith yn cynnwys y syniad o 'feithrin' a 'gofalu am', a rhaid i bob un ohonon ni wneud hynny. P'run ai wyt ti'n gweithio'n llawn amser neu ran amser, neu'n gwneud dy ran di o'r gwaith tŷ – mae'r cyfan yn waith!

Wrth i ti edrych i'r dyfodol, gweddïa y bydd Duw yn dangos i ti'r gwaith mae o am i ti ei wneud. Gweddïa y bydd yn dangos y doniau mae o am i ti eu defnyddio er ei fwyn, fydd o bosib yr union bethau rwyt yn eu mwynhau fwyaf ac yn eu gwneud ar hyn o bryd.

Os wyt ti'n poeni am y dyfodol, dos i siarad gyda rhywun wyt ti'n eu trystio a gofynna iddyn nhw weddïo drosot ti.

Yn olaf, cofia fod rhaid dod o hyd i gydbwysedd rhwng gwaith a *gorffwys*. Mae Genesis 1 yn dweud fod Duw wedi creu pobl ar y chweched dydd a gorffwys ar y seithfed. Diwrnod o orffwys oedd diwrnod cyntaf Adda ac Efa, nid diwrnod o waith – diwrnod i roi'r flaenoriaeth i berthynas gyda Duw a phobl, nid diwrnod i gael eu gyrru i brofi rhywbeth. Cofia *hyn* wrth i ti jyglo gwaith a chartref a'r holl bethau eraill rwyt ti'n eu gwneud. Gwna'n siŵr dy fod yn cael digon o orffwys fel bod gen ti ddigon o egni ar gyfer popeth rwyt eisiau eu gwneud.

GWNEUD

Meddylia am y gwaith sydd gen ti i'w wneud ar hyn o bryd. Gwna restr o'r hyn sydd raid i ti ei wneud o wythnos i wythnos. Nawr, marcia dy hun am bob un – wyt yn ei wneud yn llawen neu gan rwgnach? Wyt ti'n eu gwneud yn dda neu mor sydyn â phosib? Wyt ti'n eu gwneud nhw fel petaet ti'n gweithio i Dduw? Sut fyddet ti'n eu gwneud nhw'n wahanol y tro nesaf?

GWEDDÏO

(Aros am eiliad i weddïo rhwng brawddegau)

Tyrd at Dduw gyda'th deimladau am waith.

Sut mae meddwl am weithio yn gwneud i ti deimlo? Cyffrous? Ofnus? Pryderus?

Dywed wrth Dduw amdano.

Oes gennyt unrhyw syniadau am y math o waith yr hoffet ti ei wneud yn y dyfodol?

Gofynna i Dduw agor drysau i ti, a'i gwneud hi'n glir pa gamau y dylet eu cymryd.

Dwedodd Iesu y dylen ni ofyn i Dduw am ein bara bob dydd. Gofynna i Dduw ddarparu ar dy gyfer, wrth i ti astudio neu gynllunio ar gyfer y dyfodol.

'Diolch Arglwydd dy fod wedi rhoi doniau a galluoedd i bob un ohonom. Plîs rho'r cyfle i mi ddefnyddio fy rhai i yn y gwaith, i ddod â gogoniant i ti ac i deimlo dy fod wedi dy blesio. Helpa fi i drystio y byddi'n darparu popeth dw i ei angen. Amen.'

SIARAD

Pa 'waith' wyt ti'n gallu dychmygu dy hun yn ei wneud yn y dyfodol?

PALU'N DDYFNACH

- **Diarhebion 10:4.** Mae yna fudd o weithio'n galed a chost o fod yn ddiog.
- **1 Corinthiaid 15:58.** Does dim byd a wnawn ni dros Iesu yn wastraff amser.
- **Colosiaid 3:23-24.** Mae Paul yn dweud pam ei bod yn bwysig i wneud ein gorau glas bob amser.
- **1 Timotheus 4:12.** Mae Paul yn ein hysbrydoli i fod yn esiampl dda yn y cwbl a wnawn, gan gynnwys ein gwaith.
- **1 Timotheus 6:6-10.** Beth ydy dy gymhellion di dros fod eisiau gwneud rhyw waith? Paid a chael dy hudo gan yr awydd i ennill lot o arian.

DIWRNOD 25

MADDAU

Faint ddylen ni faddau? Pam?
Dysgu gweithredu ffordd Duw o faddau.

DECHRAU

Arglwydd, sawl gwaith ddylwn i faddau i frawd neu chwaer sy'n dal i bechu yn fy erbyn? (Mathew 18:21)
Sut fyddet ti'n ateb y cwestiwn yna? Dos i edrych beth ddwedodd Iesu!

MEDDWL

Yn Mathew 18:21-35 mae hanes Pedr (un o'r disgyblion) yn mynd at Iesu a gofyn: 'Arglwydd, sawl gwaith ddylwn i faddau i frawd neu chwaer sy'n dal i bechu yn fy erbyn?' Awgrymodd y gallai faddau i rywun saith gwaith, ond petaen nhw'n dal ati, dim mwy na hynny!

Dwedodd Iesu na ddylai faddau saith gwaith yn unig ond o leia saith deg saith gwaith! Doedd Iesu ddim yn dweud y dylen ni gadw cyfri manwl, ond yn hytrach y dylen ni *ddal ati i faddau i bobl* s'dim ots sawl gwaith maen nhw angen hynny.

Mae'r angen i faddau i eraill i'w weld yng Ngweddi'r Arglwydd hefyd – y weddi ddysgodd Iesu i'w ddisgyblion: *"Maddau i ni am bob dyled i ti **yn union** fel dŷn ni'n maddau i'r rhai sydd mewn dyled i ni."* Mae'n siŵr dy fod wedi adrodd y geiriau *"Maddau i ni ein dyledion fel y maddeuwn ninnau i'n dyledwyr"*, ond oeddet ti'n gwybod fod Iesu wedi mynd ymlaen i ddweud hyn: *"Os gwnewch chi faddau i bobl pan maen nhw wedi gwneud cam â chi, bydd eich Tad nefol yn maddau i chi hefyd. Ond os na wnewch chi faddau i'r bobl sydd wedi gwneud cam â chi, fydd eich Tad ddim yn maddau'ch pechodau chi."* (Mathew 6:12-15). Mae hynny'n ddifrifol – os na wnawn ni faddau i eraill fydd Duw ddim yn maddau i ni ychwaith.

Meddylia am y peth fel hyn. Mae Duw eisiau dy gofleidio di â'i gariad drwy'r adeg. Fodd bynnag, os wyt ti ar yr un pryd yn gwthio rhywun i ffwrdd, yn eu beirniadu ac yn ymladd yn eu herbyn am dy fod wedi ypsetio a heb faddau iddyn nhw, onid ydy hi'n anoddach i Dduw roi ei freichiau o dy gwmpas di?

Felly, sut allwn ni fynd i'r arfer o faddau i eraill?

Y peth cyntaf i'w wneud ydy cofio beth mae Duw wedi'i wneud wrth faddau ein pechodau. Dŷn ni ddim yn haeddu ei faddeuant ond mae o'n maddau i ni beth bynnag. Dydy pobl sy'n gas atat ti ddim yn haeddu maddeuant ond gelli di *ddewis maddau* beth bynnag.

Yn ail, rhaid i ni ddeall yn iawn beth ydy maddeuant. Pan wyt ti'n maddau i rywun sydd wedi dy frifo neu wedi bod yn dy fwlio, dwyt ti ddim yn dweud: 'Dydy beth wnest ti ddim o bwys.' Mae o bwys. Mae o bwys i Dduw. Mae o bwys i ti. Ac mae o bwys i eraill sy'n dy garu di. Dydy maddau i rywun dim yn golygu anwybyddu neu anghofio beth wnaethon nhw o'i le – cymryd arnat nad oedd yn dy frifo, neu erioed wedi digwydd. Ond mae yn olygu dy fod yn rhoi heibio unrhyw syniad o ddial; dy fod yn stopio teimlo'n chwerw. Rwyt ti'n dewis eu *rhyddhau* nhw o'r ddyled honno a *dechrau o'r newydd* gyda nhw. Yn union fel mae Duw wedi'i wneud efo ti.

Felly. Sut mae maddau? Fel arfer, *mae maddeuant yn broses*. Weithiau mae'n gallu bod yn anodd iawn maddau i rywun – yn *wirioneddol* anodd. Mae maddeuant yn dechrau gyda dewis ac nid gyda rhyw deimlad braf. Yn aml, rhaid maddau i rywun nifer o weithiau cyn y gallwn wir symud mlaen o'r poen gawsom. Rhaid *penderfynu* maddau i ddechrau, ac yna dal ati i wneud yr un penderfyniad nes bydd y teimlad yn dilyn.

Byddi'n gwybod dy fod wedi maddau i rywun pan na fyddi'n teimlo dy hun yn cynhyrfu pan glywi eu henwau neu pan fyddan nhw'n cerdded i mewn i'r ystafell. Neu pan fyddi di ddim yn teimlo'n flin neu eisiau dial am beth wnaethon nhw. Ar ôl gwneud y penderfyniad i ddal ati i faddau, byddi'n cael fod dy deimladau'n dilyn y dewis hwnnw. Cyn hir a hwyr byddi'n teimlo'n wahanol iawn am y person yna. Os nad wyt ti, yna dal ati i faddau a *dal ati i ofyn i Dduw dy helpu.*

Un pwynt olaf. Dwedodd Iesu y dylen ni ddal ati i faddau, ac mae hynny'n iawn. Fodd bynnag dydy hynny ddim yn golygu gwneud dim byd os ydy rhywun yn dal ati'n fwriadol i'n brifo ni. Os ydy rhywun yn dy gam-drin di'n gorfforol, dylet ddweud wrth rywun am y peth. Siarada gyda rhywun wyt ti'n ei drystio; paid a dioddef mewn tawelwch. Rwyt dal angen maddau iddyn nhw, ond bydd hi gymaint haws gwneud hynny pan fydd rhywun yn mynd i'r afael a'r mater.

Mae maddau i eraill yn gallu edrych fel rhywbeth anodd iawn i'w wneud. Ond, mae'n deimlad anhygoel, i fod yn rhydd o ddicter, dial a teimladau drwg tuag at eraill. Yn yr ystyr yna mae maddau yn dipyn o antur. I'w ddeall yn iawn, rhaid i ti ei brofi. Felly paid oedi: meddylia pwy sydd angen i ti faddau iddyn nhw, a bwrw iddi.

 **GWNEUD**

Pwy wyt ti angen maddau iddyn nhw? Am beth mae nhw angen dy faddeuant? Dwedodd Iesu, os na elli di faddau iddyn nhw, all Duw ddim maddau i ti ychwaith. Gofynna i Dduw dy helpu ar y daith o faddau – a chymer y cam cyntaf drwy ddweud wrth Dduw dy fod eisiau maddau iddyn nhw.

GWEDDÏO

(Aros am eiliad i weddïo rhwng brawddegau)

Cofia mai proses ydy maddeuant – weithiau y cam cyntaf ydy gofyn am help Duw i fod eisiau maddau.

Meddwl am bwy wyt ti angen maddau iddyn nhw. Dychmyga eu bod yn sefyll o dy flaen. Sut wyt ti'n teimlo am faddau iddyn nhw? Gelli fod yn gwbl onest hefo ti dy hun a Duw.

Siarada efo Duw am sut wyt ti'n teimlo. Os wyt ti'n gallu, maddau i'r person, gan ollwng gafael yn yr angen i ddial. Os nad wyt ti'n barod i wneud hynny eto, dechreua lle wyt ti a gofynna i Dduw dy helpu i symud tuag at faddeuant.

'Dduw Dad, diolch i ti am dywallt dy faddeuant arna i mor hael. Diolch am fy rhyddhau o bechod. Helpa fi, Arglwydd, i faddau i eraill pan maen nhw'n pechu yn fy erbyn i. Amen.'

SIARAD

Oes gen ti unrhyw gwestiynau am faddau – sut mae'n gweithio, sut i'w wneud, pam mae'n bwysig?

PALU'N DDYFNACH

- **Mathew 5:22-24.** Mae Iesu yn hollol glir ar y mater: rhaid i ni ddysgu maddau i'n gilydd.
- **Luc 23:32-34.** Rhoddodd Iesu esiampl wych i ni drwy faddau i'r rhai wnaeth ei groeshoelio.
- **Ioan 8:7.** Mae Iesu yn ein hannog i faddau, yn hytrach na barnu pobl eraill.
- **Ioan 20:22-23.** Ychydig cyn gadael ei ddisgyblion am y tro olaf, dwedodd Iesu wrthyn nhw am faddau i bobl eraill.
- **Colosiaid 3:12-14.** Galwad arall i ni faddau, yn union fel dŷn ni wedi derbyn maddeuant.

DIWRNOD 26

FFRINDIAU

Sut ffrind wyt ti?
Sut mae bod yn ffrind da?

DECHRAU

Mae rhai ffrindiau yn gallu brifo rhywun, ond mae ffrind go iawn yn fwy ffyddlon na brawd.
(Mathew 18:21)
Felly, sut mae dod o hyd i ffrind fel yna, a bod yn ffrind go iawn i eraill?

MEDDWL

Pam bod angen i ni siarad am ffrindiau? Siawns fod pawb yn gwneud ffrindiau wrth iddyn nhw fynd drwy fywyd? Mae hynny'n wir i ryw raddau, ond mae'n werth ystyried beth ydy bod yn ffrind go iawn a sut mae ffurfio cyfeillgarwch gwirioneddol dda fydd yn cyfoethogi dy fywyd a bywyd dy ffrindiau.

Meddylia am y ffrindiau wyt ti wedi eu cael yn dy fywyd eisoes – y rhai da a'r rhai nad oedd cystal. O'th brofiad di, beth sy'n gwneud ffrind da? Beth wyt ti'n ei ddisgwyl o'th berthynas â'th ffrindiau? Rhai o'r rhinweddau amlwg ydy dod ymlaen yn dda a mwynhau cwmni eich gilydd, bod â ddiddordebau cyffredin, gallu cael hwyl gyda'ch gilydd, a gofalu am a chefnogi'ch gilydd.

Ond, oes yna fwy i fod yn ffrind da?

Mae Iesu yn ein galw'n ffrindiau yn Ioan 15:15. Fo ydy'n hesiampl ni wrth feddwl am fod yn ffrind. Mae'n dangos sut beth ydy cariad cryf, ffyddlon, ymroddedig.

Mae Llyfr y Diarhebion, yn yr Hen Destament yn llawn doethineb am beth sy'n gwneud cyfeillgarwch da. Mae Diarhebion 17:17 yn dweud fod ffrind yna i helpu ym mhob sefyllfa. Mae Diarhebion 25:19 yn dweud fod cael ffrind elli di mo'i drystio ar adegau anodd *"fel diodde o'r ddannodd neu fod yn simsan ar dy draed."* Mae *ymroddiad a ffyddlondeb* yn ddau o rinweddau bod yn ffrind go iawn. Rwyt eisiau gwybod y bydd dy ffrindiau yna drwy'r amseroedd da a drwg.

Rwyt hefyd angen gwybod dy fod yn gallu *trystio* dy ffrindiau. Mae Diarhebion 11:13 yn dweud fod ffrind sy'n clebran yn dweud popeth ond mae ffrind go iawn yn gallu cadw cyfrinach. Gelli ddweud unrhyw beth wrth ffrind go iawn a byddan nhw'n ei gadw'n gyfrinach, a ddim yn ei ddefnyddio yn dy erbyn neu ei rannu ag eraill am hwyl.

Falle mai'r prawf gorau o fod yn ffrind go iawn ydy beth sy'n digwydd pan mae yna anghytuno a ffraeo. Camgymeriad fyddai meddwl y dylai ffrindiau gytuno â'i gilydd bob amser; mae cyfeillgarwch go iawn yn gallu dod drwy stormydd bywyd, nid dim ond bywyd sy'n dawel a di-ffwdan.

Mae Diarhebion 27:6 yn dweud: *"Mae'n well cael eich brifo gan ffrind, na chael eich cusanu'n ddi-baid gan rywun sy'n eich casáu."* Bydd ffrind go iawn yn ddigon dewr i ddweud wrthot ti pan fyddan nhw'n meddwl nad wyt ti'n gwneud y peth iawn ac yn dy herio pan fyddan nhw'n meddwl dy fod yn camymddwyn.

Mae Diarhebion 27:17 yn dweud: *"Fel haearn yn hogi haearn mae un person yn hogi meddwl rhywun arall."* Felly mae cael trafodaethau da gyda ffrind yn fuddiol i'r ddau ohonoch chi, lle mae'r naill a'r llall yn gallu mynegi barn, bod yn rhydd i anghytuno a herio'ch gilydd i esbonio eich safbwynt.

Mae ffraeo gyda dy ffrind yn anorfod weithiau; mae'n siŵr o ddigwydd rywbryd, ond drwy benderfynu peidio dal dig a bod eisiau dial gallwch ddatrys y broblem a *maddau i'ch gilydd*. Gelli di hefyd benderfynu y *byddi di'n* cymryd y cam cyntaf, yn hytrach na disgwyl i dy ffrind ddod atat ti!

Dŷn ni wedi meddwl lot fawr am beth sy'n gwneud cyfeillgarwch da, ond sut ar y ddaear mae dod o hyd i ffrindiau cystal â hyn? Yr ateb ydy penderfynu *bod yn ffrind fel yna* i eraill. Arwain y ffordd a dangos beth ydy bod yn ffrind go iawn!

Mae cymryd y cam cyntaf yn elfen bwysig arall mewn cyfeillgarwch go iawn. Mae llawer o bobl yn cael eu hunain yn disgwyl i'r person arall gymryd y cam cyntaf. Mae nhw'n gwneud hyn am eu bod, mae'n debyg, yn teimlo'n ansicr. Fydd y person arall eisiau fy nghwmni i? Ydw i ddigon diddorol? Ddylwn i fentro gofyn iddyn nhw gyntaf os ydyn nhw eisiau gwneud rhywbeth? Os dwedan nhw na bydda i'n teimlo fy mod wedi fy mrifo a chael fy ngwrthod.

Felly, cymer di'r cam cyntaf. Coda'r ffôn. Anfon neges testun. Dos ar Facebook. E-bostia'r gwahoddiad i'r parti. Paid disgwyl i bawb arall gymryd y cam cyntaf. Os nad ydy o'n gweithio, y cwbl wyt wedi'i golli ydy awr yn y pnawn neu gyda'r nos – ond os ydy o yn gweithio, gallai fod yn ddechrau cyfeillgarwch hyfryd!

GWNEUD

Dy sialens ydy meddwl am ddau berson. Yn gyntaf, meddylia am rywun yr hoffet ddod i'w nabod yn well. Beth allet ti ei wneud i feithrin y cyfeillgarwch yna? Eu gwahodd i alw heibio? Eu gwadd i ginio? Penderfyna be i'w wneud a chymer y cam cyntaf.

Yna, meddylia am gyfeillgarwch sydd wedi suro. Falle eich bod chi wedi ffraeo am rywbeth, neu jest heb weld eich gilydd ers talwm. Beth allet ti ei wneud i adfer y berthynas? Paid bod yn rhy falch i ddweud sori.

Penderfyna gymryd y cam cyntaf – ac yna ei wneud.

GWEDDÏO

(Aros am eiliad i weddïo rhwng brawddegau)

Mae Iesu yn dy alw'n ffrind. Treulia amser yn diolch i Iesu am ei gariad a'i ffyddlondeb fel ffrind.

Meddylia am bobl y caret ti feithrin cyfeillgarwch gyda nhw. Gofynna i Dduw dy helpu i fod yn ffrind da i'r bobl hynny. Gofynna iddo ddangos i ti sut y gelli ddyfnhau'r cyfeillgarwch.

Meddylia am berthynas sydd wedi suro. Siarad gyda Duw am beth ddigwyddodd. Pwy bynnag oedd ar fai, gofynna i Dduw ddangos i ti sut y gallet ti wneud pethau'n iawn.

'Arglwydd Iesu, diolch dy fod yn fy ngalw yn ffrind, a'th fod yn dangos i mi beth ydy bod yn ffrind go iawn. Helpa fi i gymryd y cam cyntaf yn fy mherthynas ag eraill, i ddod i nabod pobl newydd ac i wneud pethau'n iawn pan mae pethau'n mynd o'i le. Llenwa fi â'th gariad di at fy ffrindiau. Yn dy enw di. Amen.'

SIARAD

Beth ydy'r peth gorau mae ffrind wedi'i wneud i ti?

PALU'N DDYFNACH

- **Luc 11:5-8.** Mae Iesu yn dweud stori am ffrind go iawn.
- **Rhufeiniaid 12:9-10**. Dangos ofal am dy ffrindiau o'th flaen dy hun. Does dim lle i hunanoldeb mewn cyfeillgarwch go iawn.
- **1 Corinthiaid 13:4-8.** Darllena'r adnodau yma gan roi dy enw dy hun yn lle'r gair 'cariad'. Ydy'r disgrifiad yma o beth ydy ffrind go iawn yn dy ffitio di?
- **1 Corinthiaid 15:33.** Mae Paul yn ein hatgoffa i beidio treulio amser gyda phobl all fod yn ddylanwad drwg arnon ni.
- **Galatiaid 6:2.** Mae ffrindiau da yn rhannu beichiau a chynnal ei gilydd.

PERTHYNAS RAMANTUS

Sut mae anrhydeddu Duw mewn perthynas ramantus rhwng dyn a merch cyn iddyn nhw briodi?

DECHRAU

Dwedodd yr ARGLWYDD…"Dydy e ddim yn beth da i'r dyn fod ar ei ben ei hun… Wedyn dyma'r ARGLWYDD Dduw yn ffurfio dynes… (Genesis 2:18,22)
Sut mae meithrin perthynas ramantus iach, sy'n anrhydeddu Duw, rhwng gwryw a benyw cyn priodi?

MEDDWL

Credodd Duw bobl. Yn Genesis 2:18 mae'n dweud: *"Dydy e ddim yn beth da i'r dyn fod ar ei ben ei hun…"* felly dyma fo'n creu dynes i fod yn bartner i ddyn. Roedd Duw eisiau i ddynion a merched weithio gyda'i gilydd i ddarganfod a datblygu'r byd anhygoel roedd wedi'i greu.

Wrth gwrs, dydy hynny ddim yn golygu y bydd pawb yn priodi, ond gan mai i'r cyfeiriad hwnnw y bydd y mwyafrif ohonon ni'n mynd, mae'n werth meddwl am sut y dylen ni ymddwyn mewn ffordd sy'n plesio Duw mewn perthynas ramantus.

Does dim rheol i ddweud pa oed ddylet ti fod cyn dechrau canlyn. Ddylet ti ddim teimlo dan bwysau i wneud unrhyw beth er mwyn bod fel dy ffrindiau. Cymer bethau ar dy gyflymder dy hun, does dim brys.

Cofia fod ein chwantau rhywiol a'r teimladau sy'n ein denu ni yn rhan o pwy ydyn ni a sut wnaeth Duw ein creu ni. Paid bod â'u hofn na bod â chywilydd ohonyn nhw. Yn hytrach dylet ddysgu sut i'w mwynhau a sut i'w trin yn dda – mewn ffordd fydd yn anrhydeddu Duw ac yn parchu dy hun ac eraill.

Beth ydy rhai o'r pethau mae'n rhaid i ti ddysgu eu rheoli'n dda? Yn gyntaf, *fflyrtio*: arwain rhywun ymlaen drwy chwarae gyda'u hemosiynau er mwyn cael ymateb. Mae fflyrtio yn trin rhywun fel gwrthrych, yna i wneud i ti deimlo'n dda. Dydy o ddim yn ffordd dda i brofi os ydy rhywun yn dy hoffi di ai peidio. Dylen ni drin pobl gydag ychydig mwy o barch na hynny.

Yna daw *canlyn:* dechrau perthynas ble mae pawb arall yn gwybod eich bod gyda'ch gilydd. Paid drifftio i mewn i ganlyn rhywun: siaradwch â'ch gilydd a gweddïwch gyda'ch gilydd gyntaf, a chyda rhywun arall dych chi'n eu trystio. Mae'n wirioneddol bwysig, (waeth pwy wyt ti) dy fod yn canlyn rhywun sy'n rhannu dy egwyddorion a'th gredoau. Mae 2 Corinthiaid 6:14 yn dweud: *"Dych chi'n wahanol i bobl sydd ddim yn credu - felly peidiwch ymuno â nhw."* Mae hynny'n golygu na ddylet gael perthynas â rhywun sydd ddim yn rhannu dy ffydd yn Iesu. Mae'n galed – ond yn wir: bydd y person yna, fwy na thebyg, yn dy dynnu di i ffwrdd oddi wrth Dduw, nid yn nes at Dduw.

Y peth nesaf i feddwl amdano ydy *peidio cyfyngu dy hun*. Falle dy fod yn hoff iawn o'r un rwyt yn ei ganlyn ac eisiau treulio dy amser i gyd efo nhw – paid gwneud hynny! Cadwa mewn cysylltiad â'th hen ffrindiau, bechgyn a merched.

Yn olaf, rhaid i ti ofyn beth sy'n gwneud *perthynas iach gorfforol*. Paid gadael i berthynas rywiol gymryd drosodd a dominyddu'r berthynas. Rhaid bod yn ddisgybledig a'i gadw yn ei le. Dylech osod ffiniau gyda'ch gilydd a chytuno sut i fynegi'r teimladau sydd rhyngoch. Bwriad gosod ffiniau ydy nid gweld pa mor agos at bechu gallwch chi fynd; mae i'w wneud â phlesio Duw a mwynhau eich gilydd gyda chalonnau glân a chydwybod glir. Mae i'w wneud â pharchu dy bartner a pheidio eu gwthio ymhellach nag maen nhw eisiau mynd. Os ydy'r ffiniau yn cael eu croesi a pethau'n mynd yn flêr, dylet siarad efo Duw am y peth a dweud sori ar unwaith. Yna meddylia sut i osgoi ei wneud eto. Falle y byddai siarad efo ffrind wyt ti'n ei drystio – a bod yn atebol i'r ffrind hwnnw – yn help.

Dyna rai pethau i'w hosgoi, felly i fod yn fwy positif, *sut mae adeiladu perthynas wych?* Treuliwch lot o amser yn siarad, darganfod beth ydy gobeithion a breuddwydion eich gilydd, a darganfod beth sy'n gwneud i'r person arall dicio. Treuliwch amser gyda ffrindiau eraill yn unigol a chyda'ch gilydd. Ewch allan mewn grŵp mawr a chael hwyl: mae chwerthin gyda'ch gilydd yn bwysig dros ben. Dowch i adnabod teuluoedd eich gilydd. Gweddïwch dros eich gilydd a chyda'ch gilydd. Ewch i addoli, a gwasanaethu yn yr eglwys, gyda'ch gilydd.

Dŷn ni wedi rhoi digon i ti feddwl amdano, ond mae'n werth cael hyn yn iawn a dysgu nawr beth ydy'r ffordd orau i adeiladu perthynas iach gyda rhywun o'r rhyw arall. Bydd yn arbed lot fawr o dor calon a bydd yn dy baratoi ar gyfer gweddill dy fywyd.

GWNEUD

Ar raddfa o 1 i 10, ble mae 1 yn ofnadwy a 10 yn wych, pa mor iach ydy dy berthynas di â'r rhyw arall? Pa gamau allet ti eu cymryd i gynyddu dy sgôr?

GWEDDÏO

(Aros am eiliad i weddïo rhwng brawddegau)

Fframwaith dda ar gyfer gweddïo ydy defnyddio'r geiriau 'diolch', 'sori' a 'plîs' Defnyddia nhw i weddïo am y berthynas ramantaidd rwyt ti ynddi neu'n gobeithio ei chael.

Dywed ddiolch wrth Dduw am greu pobl a'n galluogi ni i garu ein gilydd. Diolcha i Dduw am y bobl wyt ti agosaf atyn nhw.

Oes yna rywbeth am dy berthynas ramantus rwyt angen dweud sori amdano? Cymer amser i wneud hynny gan wybod y bydd Duw yn maddau i ti – yn gyfan gwbl.

Beth wyt ti eisiau gofyn i Dduw amdano? Rhanna ddymuniad dy galon gydag o gan wybod ei fod yn dy glywed.

'Dduw, ein Creawdwr, diolch i ti am y rhoddion o gariad, rhamant a rhyw. Helpa fi i dyfu mewn perthynas ramantus yn araf a doeth, heb ddefnyddio rhywun na rhuthro ymlaen, ond gan dy anrhydeddu di a'n gilydd. Amen'

SIARAD

Oes gen ti unrhyw awgrymiadau sut i gael perthynas ramantus iach?

PALU'N DDYFNACH

- **Pregethwr 4:12.** Mae perthynas yn llawer cryfach pan mae Duw yn y canol.
- **Caniad Solomon 8:4.** Does dim angen rhuthro i mewn i berthynas ramantus; paid deffro cariad yn rhy gynnar.
- **1 Corinthiaid 6:12-20.** Mae dy gorff yn deml i'r Ysbryd Glân felly trin o'n dda!
- **1 Corinthiaid 13.** Dyma sut beth ydy cariad Duw. Dylen ni geisio efelychu'r math yma o gariad yn ein perthynas, ac ymhen hir a hwyr, yn ein priodasau.
- **Galatiaid 5:22-23.** Ydy dy berthynas ramantus di yn llawn o ffrwyth yr Ysbryd?

DIWRNOD
28

RHYWIOLDEB

Sut mae Duw yn edrych ar ryw?
Deall gorau Duw ar ein cyfer.

DECHRAU

Dw i'n dy foli di, am fod dy waith di mor syfrdanol a rhyfeddol! (Salm 139:14)
Mae hynny'n golygu pob rhan ohonot ti, gan gynnwys y ffaith dy fod yn berson gyda theimladau rhywiol. Beth mae Duw yn ei feddwl am hynny?

MEDDWL

Dŷn ni'n byw mewn cymdeithas sydd wedi gwirioni ar ryw – *sex-mad*. All rhywun ddim edrych ar hysbysebion teledu, fideos cerddoriaeth na ffilmiau yn hir iawn heb gael ei bombardio gan ddelweddau rhywiol awgrymog.

Mae Duw yn cael *bad press* lle mae rhyw yn y cwestiwn. Mae'n siŵr fod y person cyffredin yn meddwl nad ydy Cristnogion yn hoffi cael rhyw, a'u bod yn sicr ddim yn hoffi siarad amdano. Mae llawer o bobl yn meddwl fod Duw yn erbyn rhyw, neu hyd yn oed fod rhyw ei hun yn bechod. Twyll a chamddealltwriaeth ydy'r syniadau yma i gyd.

Y ffaith ydy, Duw wnaeth ddyfeisio rhyw. Mae o'n meddwl ei fod yn syniad gwych!

Gad i ni ddechrau reit ar y dechrau - yn llythrennol. Mae Genesis 1:27-28 yn dweud: *"Felly dyma Duw yn creu pobl ar ei ddelw ei hun. Yn ddelw ohono'i hun y creodd nhw. Creodd nhw yn wryw ac yn fenyw. A dyma Duw yn eu bendithio nhw, a dweud wrthyn nhw, "Dw i eisiau i chi gael plant, fel bod mwy a mwy ohonoch chi."*

Felly mae Duw yn meddwl fod y ddeuryw yn dda. Creodd nhw yn wryw ac yn fenyw, a creodd nhw i ffitio'i gilydd. Yna dwedodd wrthyn nhw am gael plant, a gwneud y weithred yn bleserus. Yn wahanol i bysgod, ameba neu blanhigion, rhoddodd Duw i'r ddynoliaeth broses atgenhedlu i'w fwynhau!

Felly, mae rhyw yn rhodd gan Dduw. Ond, fel unrhyw rodd mae'n rhaid gofalu amdano. Mae Duw wedi rhoi cyfarwyddiadau yn ei Air ar sut y dylen ni ymddwyn lle mae rhyw yn y cwestiwn.

Prif egwyddor Duw ynglŷn â chyfathrach rywiol – y rhodd anhygoel o werthfawr yma – ydy, ei fod wedi ei fwriadu ar gyfer priodas. Yn 1 Corinthiaid 7:2 mae Paul yn dweud: *"Gan fod cymaint o anfoesoldeb rhywiol o gwmpas, dylai pob dyn gael ei wraig ei hun, a phob gwraig ei gŵr ei hun."*

Mae rhyw i un wraig ei rannu gydag un dyn, am byth. Dyna'r fargen: cyfarwyddiadau'r Creawdwr.

Pam fod hynny mor bwysig? Yn 1 Corinthiaid 6:18 mae Paul yn esbonio fod pechod rhywiol (neu 'anfoesoldeb rhywiol' yn y Beibl) mor ddifrifol, achos yn ogystal â'r ochr gorfforol, mae yna ddimensiwn ysbrydol. Mae'n dweud: *"Gwnewch bopeth allwch chi i osgoi anfoesoldeb rhywiol. Does dim un pechod arall sy'n effeithio ar y corff yr un fath. Mae'r person sy'n pechu'n rhywiol yn pechu yn erbyn ei gorff ei hun."* Mae'r weithred o ryw yn troi dau berson yn *"un cnawd"* (Marc 10:8) – y weithred eithaf o undod dynol. Felly, dydy Duw ddim am i ni ddod yn 'un cnawd' gyda lot o wahanol bobl.

Ydy Duw yn ceisio sbwylio'n hwyl ni? *Duw ydy'n Crëwr ni.* Mae o'n gwybod sut dŷn ni'n gweithio orau. Mae o am i ni gael y gorau o fywyd, dim sbwylio ein mwynhad ohono. Mae'n gwybod fod agwedd iach at ryw yn ein hamddiffyn rhag euogrwydd, beichiogrwydd annisgwyl, clefydau a drosglwyddir yn rhywiol (STIs), ansicrwydd rhywiol, ac wrth gwrs, blinder ac ing emosiynol. Pan wyt ti'n meddwl am y peth fel yna, mae agwedd Duw yn teimlo fel synnwyr cyffredin, nid jest rhestr o reolau.

Felly, os na allwn gael rhyw tu allan i briodas y cwestiwn amlwg ydy: 'Pa mor bell allwn ni fynd?' Ond nid dyma'r cwestiwn y dylen ni ei ofyn. Mae'r Beibl yn dweud wrthon ni i beidio llofruddio pobl... Fydden ni ddim yn dweud wedyn: 'Pa mor bell alla i fynd? Ydy hi'n iawn rhoi curfa i rywun?' Nid, 'Pa mor bell alla i fynd?' ddylai ein hagwedd fod, ond 'Pa mor agos alla i sticio at beth mae Duw eisiau?' Mae 1 Corinthiaid 6:20 yn dweud: *"mae pris wedi ei dalu amdanoch chi. Felly defnyddiwch eich cyrff i anrhydeddu Duw."*

Does dim rhaid i ti gael rhyw. Celwydd y byd ydy hynny, ac mae Rhufeiniaid 12:2 yn dweud: *"...rhaid i chi stopio ymddwyn yr un fath â phobl sydd ddim yn credu. Gadewch i Dduw newid eich bywyd chi'n llwyr drwy chwyldroi eich ffordd o feddwl am bethau."* Felly dewisa ffordd Duw, nid ffordd y byd – mae wir yn gwneud lot o synnwyr.

Un peth arall. Os ydyn ni eisoes wedi pechu'n rhywiol mae Duw eisiau ein hiacháu ni a maddau i ni. Yn fwy na hynny gallwn ofyn am y nerth i stopio cael rhyw a dechrau byw'n iawn.

Felly, beth bynnag ydy dy hanes rhywiol di, dewisa heddiw i ofyn i Dduw fod yn Arglwydd ar dy holl fywyd – gan gynnwys dy rywioldeb. Gofyn am faddeuant ble mae ei angen ac yna symud yn dy flaen; achos mae Duw wedi. Mae o am iti brofi'r gorau sydd ganddo ar dy gyfer ym mhob rhan o dy fywyd. Mae hynny'n sicr yn cynnwys dy rywioldeb – mae am i ti fod yn ofalus a chyfrifol gyda'r rhodd anhygoel yma. Mae'r cyfrifoldeb hwnnw yn cynnwys gosod ffiniau doeth sy'n anrhydeddu Duw i'r berthynas gorfforol os wyt ti gyda rhywyn.

GWNEUD

Un ffordd o wneud yn siŵr fod dy agwedd di at rywioldeb yn iach ydy cael rhywun y gelli siarad yn onest hefo nhw am ryw. Gall fod y person sy'n dy helpu i dyfu fel disgybl neu'n ffrind da rwyt yn ei drystio. Gofynna i'r person rwyt wedi'i ddewis os elli di siarad yn agored gyda nhw am faterion rhywiol. Gall fod yn rhywbeth chwithig i'w wneud ond mae'n bwysig. Os byddan nhw'n chwerthin, chwilia am rywun arall!

GWEDDÏO

(Aros am eiliad i weddïo rhwng brawddegau)

Diolcha i Dduw am dy greu yn berson unigryw a hardd. Diolcha iddo am dy gorff a'r holl botensial sydd iddo.

Siarada gyda Duw am dy rywioldeb, dy deimladau, dy strygls, dy obeithion a'th chwantau. Gelli fod yn gwbl onest hefo fo.

Oes yna unrhyw beth rwyt ti eisiau dweud sori wrth Dduw amdano? Neu oes angen ei help arnat gyda rhywbeth?

'Diolch Arglwydd am y rhodd o gorff a'r rhodd o rywioldeb. Helpa fi i ddelio gyda'r sialensau corfforol ac emosiynol sy'n dod o fod yn berson gyda theimladau rhywiol, ac i fwynhau'r rhodd rwyt wedi'i roi i mi gyda'r person iawn, pan ddaw'r amser iawn. Amen.'

SIARAD

Beth sydd wedi dy helpu di i ddysgu am rywioldeb?
I ble wyt ti'n mynd i gael atebion i dy gwestiynau?

PALU'N DDYFNACH

- **Caniad Solomon 8:4.** Paid meddwl fod rhaid rhuthro i mewn i berthynas; paid cyffroi cariad rhywiol yn rhy fuan.
- **Luc 2:41-52.** Roedd Iesu wedi datblygu'n rhywiol yn union fel ti! Mae'n gwybod sut brofiad ydy o.
- **1 Corinthiaid 10:13.** Mae Duw yn addo peidio gadael i demtasiwn fod yn ormod i ni.
- **Colosiaid 3:5.** Mae Paul yn ein hannog i 'ladd' anfoesoldeb rhywiol.
- **1 Thesaloniaid 4:3-7.** Rhaid i ni fynd ar daith o hunan-ddisgyblaeth a hunan-reolaeth; dydy hi ddim yn daith hawdd, ond dŷn ni wedi'n galw i fyw bywyd sanctaidd.

DIWRNOD
29

SUT MAE GWYBOD BETH SY'N WIR?

Oes yna'r fath beth â gwirionedd absoliwt?
Archwilio natur gwirionedd a'i ystyr i ni.

DECHRAU

"Byddwch yn dod i wybod beth sy'n wir, a bydd y gwirionedd hwnnw'n rhoi rhyddid i chi." (Ioan 8:32)
Beth ydy gwirionedd a ble mae dod o hyd iddo?

MEDDWL

Wyt ti erioed wedi clywed y stori am y pedwar dyn dall gafodd eu gosod mewn cawell gydag eliffant? Roedd rhaid iddyn nhw benderfynu beth oedd yn y gawell gyda nhw drwy gyffyrddiad yn unig. Dyma un dyn dall yn cyffwrdd trwnc yr eliffant ac yn penderfynu mai neidr oedd yna. Cyffyrddodd un goes yr eliffant a phenderfynu mai coeden oedd yno. Cyffyrddodd un arall gynffon yr eliffant a meddwl mai rhaff oedd hi. Cyffyrddodd y pedwerydd ochr yr eliffant a dweud mai wal oedd yna. Mae'r stori yn ein hatgoffa os ydyn ni eisiau'r gwir rhaid i ni weld y darlun cyflawn.

Yn ddwfn o'n mewn dŷn ni'n gwybod fod yna rai gwirioneddau absoliwt mewn bywyd. Taswn i'n neidio allan o ffenestr ar ddegfed llawr rhyw adeilad gan feddwl y bydda i'n gallu hedfan – y gwir ydy, dw i'n mynd i gael fy siomi. Falle mod i wir yn credu fy mod yn mynd i hedfan, ond mae yna wirionedd absoliwt yn dweud fod disgyrchiant yn achosi i mi ddisgyn. Mae hynny wedi bod yn wir bob amser, i bawb ym mhob man, a bydd yn dal yn wir yn y dyfodol.

Felly'r cwestiwn mawr ydy: sut mae gwybod beth ydy'r gwirioneddau absoliwt?

Yn gyntaf – dyma'r pwynt pwysicaf – mae'r Beibl yn dweud fod *Duw yn ymgorffori gwirionedd*. Yn Ioan 14:6 mae Iesu'n dweud *"Fi ydy'r ffordd... fi ydy'r un gwir, y bywyd".* Roedd Iesu'n dweud ei fod yn ymgorffori gwirionedd – achos mae Duw yn wirionedd. Dydy Duw ddim yn gallu dweud celwydd. Dydy Duw ddim yn gymharol hyn neu'r llall. Mae Duw yn gwbl gyson. Yn Iago 1:17 mae'n dweud nad ydy Duw yn amrywio. Mae'n gwbl ddibynnol. Mae o'n wirionedd absoliwt. Mae hyn yn newyddion da i ni achos mae'n golygu y gallwn ei drystio a dibynnu arno.

Yn ail, *Mae gwirionedd Duw yn gwneud sens.* Wyt ti'n cofio ni'n dweud mai'r Beibl oedd stori fyw Duw? Stori fawr ein bywyd, y bydysawd, a'r cosmos. Dydy llawer o bobl heddiw ddim yn credu fod yna stori sy'n cwmpasu'r cyfan. Maen nhw'n dweud ein bod yn creu'r stori wrth fynd yn ein blaenau. Ond mae'r safbwynt yna, ynddi ei hun, yn 'stori fawr' i'w chredu. Mae'r Beibl yn cyflwyno stori fyw Duw fel y stori go iawn – y gwirionedd go iawn. Mae'n dangos i ni beth ydy ystyr bywyd. Pan wyt ti'n darllen y Beibl, yn cysylltu â'r stori, mae'n gwneud sens. Nid damwain ydy'r byd yma. Cawson ni'n creu gyda gofal gan Dduw sydd am ein nabod, ac nid yw'r ymchwil am ystyr a phwrpas sydd yng nghalon pob dyn, dynes a phlentyn ond yn cael ei fodloni wrth ddod i nabod ein Creawdwr.

Yn drydydd, *mae gwirionedd Duw yn gweithio.* Byddai Iesu yn aml yn rhannu gyda phobl y ffordd orau i fyw, a byddai'n dechrau bob tro drwy ddweud, "Wir i chi". Roedd yn dweud: mae beth dw i'n ddweud wrthoch chi'n wir. Bydd yn newid eich bywydau. Mae'n gweithio. Mae pregeth enwocaf Iesu i'w gweld yn Efengyl Mathew, penodau 5-7, ble mae Iesu yn rhannu rhai gwirioneddau anhygoel. Dychmyga sut fyd fydden ni'n byw ynddo heddiw petai pobl yn byw y gwirioneddau yma. Byddai'r byd yn lle gwell; y math o le y byddai pobl wrth eu boddau yn cael byw yno.

Mae gwirionedd Duw yn gweithio. Mae'n gwneud synnwyr ac mae'n dda i ni – yn arbennig felly gan fod yr Ysbryd Glân yn gweithio ynon ni i ddod a'r gwirioneddau yna'n fyw (Ioan 16:13). Does dim syndod fod y Salmydd yn dweud yn Salm 25:5: *"Arwain fi ar y ffordd iawn a dysga fi, achos ti ydy'r Duw sy'n fy achub i. Dw i'n dibynnu arnat ti bob amser."*

Mae Duw eisiau i ni fyw beth sy'n wir. Mae'n gwneud sens. Mae'n gweithio, fel dim byd arall.

Mae Duw'r Gwirionedd gafodd ei ddatguddio i ni yn Iesu, yn gwahodd pawb:

"Profwch drosoch eich hunain mor dda ydy'r Arglwydd!" (Salm 34:8).

Profa fo. Trïa fo. Cei weld drosot dy hun. Dechreua fyw bywyd o wirionedd yn nerth yr Ysbryd. Byddi'n darganfod drosot dy hun fod gwirionedd Duw yn real, i bawb, bob amser.

GWNEUD

Wyt ti'n ei chael hi'n anodd credu unrhyw wedd ar y ffydd Gristnogol neu'r stori am Iesu? Penderfyna fynd ati i ddarganfod os ydy o'n wir ai peidio, a dy fod yn mynd i gymryd Iesu ar ei air, gan gredu y bydd yr Ysbryd yn dy arwain i weld y gwir i gyd. Tyrd a'r mater at Dduw mewn gweddi, a'i ymchwilio'n fanwl: drwy siarad â Christnogion eraill, darllen amdano a gweddïo am y peth. Bydd Duw yn dangos i ti os yw'n wir ai peidio.

GWEDDÏO

(Aros am eiliad i weddïo rhwng brawddegau)

Diolcha i Dduw am Ysbryd y gwirionedd, a gofynna iddo dy arwain yn ddyfnach i'r gwirionedd.

Gofynna i Dduw ddatguddio'r gwir i ti, y gwir am pwy ydy o; y gwir am Iesu a beth ddaeth i'w wneud, a'r gwir amdanat ti dy hun.

Dywed wrth Dduw lle rwyt ti'n stryglo i gredu fod rhywbeth rwyt wedi ei glywed amdano yn wir. Gelli fod yn gwbl onest.

'Arglwydd Dduw, diolch am dy Ysbryd, Ysbryd y Gwirionedd, a dy fod yn addo fy arwain i weld y gwir i gyd. Helpa fi i ddeall y gwir am pwy wyt ti a pwy ydy Iesu. Helpa fi i weld y gwir amdana i fy hun. Yn cnw Iesu. Amen.'

SIARAD

Be wyt ti'n feddwl o Iesu'n hawlio mai fo ydy'r "un gwir"?

PALU'N DDYFNACH

- **Salm 25:5.** Gallwn weddïo a gofyn i Dduw ein harwain at y gwir i gyd.
- **Salm 86:11.** Gweddi ar i ni fyw yn ôl gwirionedd Duw.
- **Effesiaid 4:11.** Mae angen i ni fod yn bobl sy'n gwerthfawrogi'r gwir ac yn dweud y gwir wrth ein gilydd mewn cariad.
- **2 Pedr 3:3.** Mae Pedr yn sôn am bobl yn anwybyddu gwirionedd Duw ac yn creu eu gwirionedd eu hunain.
- **1 Ioan 3:18-20.** Bydd ffydd go iawn yn cael ei fynegi yn ein gweithredoedd, nid ein geiriau'n unig.

SUT MAE GWYBOD FOD DUW'N BODOLI?

Sut allwn ni fod yn siŵr?
Archwilio'r dystiolaeth fewnol ac allanol.

DECHRAU

"Er bod Duw ei hun yn anweledig, mae'r holl bethau mae wedi eu creu yn dangos yn glir mai fe ydy'r Duw go iawn..." (Rhufeiniaid 1:20)
Wyt ti'n cytuno? Beth sy'n dy argyhoeddi di fod Duw yn bodoli?

MEDDWL

Sut dŷn ni'n gwybod fod Duw yn bodoli go iawn? Mae hwn yn gwestiwn mae pob gwareiddiad wedi cael trafferth ei ateb, a ddylai hynny ddim ein synnu ni. Mae Llyfr y Pregethwr 3:11 fod Duw *"...wedi gwneud pobl yn ymwybodol o'r tragwyddol..."* Yn ddwfn tu mewn mae yna rywbeth ynon ni sy'n dweud bod yna fwy i fywyd na'r hyn dŷn ni'n ei weld, ei deimlo a'i gyffwrdd. Mae hyd yn oed hynny'n arwydd fod Duw allan yna, yn disgwyl i ni ei ddarganfod.

Ond dydy hynny ddim yn ddigon. Falle mai dim ond gobeithio'r gorau ydy o. Felly, sut arall mae gwybod fod Duw'n bodoli? Wel, edrych o'th gwmpas! Rwyt wedi dy amgylchynu gan yr arddangosfa fwyaf rhyfeddol, anhygoel a syfrdanol o fodolaeth Duw y gelli di fyth ei ddychmygu. Y bydysawd ydy'r enw arno!

Ond o ble ddaeth y bydysawd? Ydy hi'n haws credu fod dim byd wedi gwneud pob peth, neu ydy hi'n haws credu fod rhywun neu rywbeth tu ôl i'r cwbl? Hyd yn oed os yw theori'r Glec Fawr yn wir, rhaid dal i ofyn beth wnaeth ei sbarduno? Mae'r Beibl yn ei gwneud hi'n hollol glir mai *Duw ydy'r Achos Cyntaf*. Fo yn y pen draw wnaeth ddechrau'r cwbl.

Un o'r rhesymau dros gredu heddiw fod Duw yn bod ydy mai fo greodd y *byd rhyfeddol a chain yma* i ni gael byw ynddo. Mae'r echel mae'r byd arno, ei bellter o'r haul, y cydbwysedd rhwng ocsigen a nitrogen – i gyd wedi'i diwnio'n berffaith i greu'r amgylchedd delfrydol i ni fyw ynddo. Pe bai unrhyw un o'r rhain fymryn yn wahanol bydden ni'n marw.

Ond mae yna reswm arall pam y gallwn ddweud fod Duw yn bodoli. Edrycha mewn drych. Rwyt ti'n anhygoel. Mae bywyd dynol yn anhygoel – y ffaith ein bod yn gallu gweld, teimlo, arogli, cyffwrdd a meddwl. Y corff dynol ydy uchafbwynt y cread. Rhaid gofyn eto, wyt ti *go iawn* yn meddwl fod hyn i gyd wedi digwydd drwy siawns? Neu gafodd o ei gynllunio'n ofalus? Nid dim ond casgliad o gemegolion wyt ti. Rwyt ti wedi dy wneud ar lun a delw Duw. Campwaith Duw!

Ond, falle fod hynny'n dal ddim digon i argyhoeddi rhai pobl. Mae llawer o bobl yn dweud y bydden nhw'n credu yn Nuw petaen nhw'n gallu ei weld. Ond dyna'r peth. Ddwy fil o flynyddoedd yn ôl, daeth Duw i mewn i hanes yn gorfforol. Mae Ioan 1:14 yn dweud: *"Daeth y Gair yn berson o gig a gwaed, daeth i fyw yn ein plith ni."* Daeth Iesu Grist i ddangos i ni sut un ydy Duw. Roedd yn Dduw cyflawn. Roedd yn ddyn cyflawn. Ac eto, er gwaetha'r gwyrthiau, y ddysgeidiaeth oedd yn chwyldroi bywyd, y cariad diamod at bobl, a'r ffaith iddo godi yn ôl yn fyw, roedd llawer o bobl yn dal i wrthod credu... Er eu bod nhw wedi gweld Duw, roedd yn 'haws' ei wadu.

Felly, mae Duw wedi profi ei fodolaeth drwy ei greadigaeth, fel mae Paul yn ein hatgoffa yn Rhufeiniaid 1:20. Mae wedi profi ei fodolaeth drwy ddod i'r ddaear fel Iesu. Ond mae mwy eto.

Gelli wybod fod Duw yn bodoli am dy fod yn *gallu dod i nabod Duw*. Gelli ddilyn ei Fab, Iesu. Gelli dderbyn maddeuant a'th ryddhau i fyw y bywyd y creodd Duw di ar ei gyfer. Gelli dderbyn nerth Duw i fyw'r bywyd yna drwy waith Duw'r Ysbryd Glân. Gelli weddïo a gweld Duw ar waith drwy dy weddïau.

Mae Duw yn bodoli. Dŷn ni'n synhwyro hynny'n ddwfn o'n mewn. Mae'r greadigaeth yn ei gyhoeddi. Mae Iesu yn ei ddangos i ni. Mae perthynas go iawn gyda Duw yn ei ddadlennu.

Os ydy rhywun yn gofyn y cwestiwn, 'Sut alla i wybod fod Duw yn bodoli?' gyda meddwl caeedig, fydd faint bynnag o dystiolaeth roddi di ddim yn eu hargyhoeddi; bydd yn cael ei ail-ddehongli yn ôl eu bydolwg. Ond, os ydyn nhw'n agored i archwilio'r synlad fod Duw'n bodoli, byddan nhw'n darganfod ei fod yn *real*, ac yn fwy na hynny, gallan nhw ddod i'w nabod! Wedi'r cwbl, mae Duw yn addo yn Jeremeia 29:13: "Os byddwch chi'n chwilio amdana i ... byddwch chi'n fy ffeindio i."

GWNEUD

Siarada gyda thri Cristion dros yr wythnos sy'n dod i glywed beth sy'n eu hargyhoeddi nhw fod Duw'n bodoli. Gofynna iddyn nhw os dŷn nhw'n gallu rhoi enghreifftiau o weddïau'n cael eu hateb yn eu bywydau. Gofynna iddyn nhw ddweud beth ydy eu barn am y greadigaeth a sut y daeth i fod. Ceisia ddeall pam maen nhw'n dal i gredu yn Nuw.

GWEDDÏO

(Aros am eiliad i weddïo rhwng brawddegau)

Siarada gyda Duw a dywed wrtho beth sydd wedi dy arwain di i gredu ynddo.

Dywed wrth Dduw am unrhyw amheuon sydd gen ti, neu unrhyw gwestiynau yr hoffet gael ateb iddyn nhw. Gelli fod yn hollol onest gydag o.

Gofynna i Dduw ddatguddio ei hun i ti fel y gelli ddweud, heb amheuaeth, fod Duw yn bodoli a'i fod yn dy garu.

'Dduw'r Creawdwr, mae'n od siarad gyda ti ac eto cyfaddef ar yr un pryd fod gen i amheuon amdanat weithiau. Diolch am yr holl dystiolaeth sy'n dangos dy fod yn bodoli. Dangos i mi, tu hwnt i bob amheuaeth, dy fod yn real, dy fod yn fy ngharu ac eisiau bod yn rhan o'm bywyd. Amen.'

SIARAD

Beth sy'n dy argyhoeddi di fod Duw yn bodoli?

PALU'N DDYFNACH

- **Salm 8:1-9.** Bydd myfyrio ar y sêr yn yr awyr yn dy arwain i roi clod i Dduw.
- **Salm 14:1-2.** Yma mae Dafydd yn canu am ffolineb credu nad Duw ddim yn bodoli.
- **Marc 9:24.** Gallwn fod yn onest gyda Duw am ba mor gryf ydy'n ffydd ni, a gofyn iddo ein helpu i gredu.
- **Colosiaid 1:15-17.** Mae Iesu yn datguddio realiti Duw i ni.
- **Hebreaid 1:1-3.** Bydd darganfod Iesu yn dy argyhoeddi fod Duw yn bodoli.

SUT MAE GWYBOD FOD Y BEIBL YN DDIBYNADWY?

Allwn ni drystio'r Beibl?
Archwilio'r dystiolaeth.

DECHRAU

"Duw sydd wedi ysbrydoli'r ysgrifau sanctaidd...
i bobl Dduw wneud pob math o bethau da." (2
Timotheus 3:16).
Ond sut dŷn ni'n gwybod y gallwn drystio'r Beibl?

MEDDWL

Mae Cristnogion yn credu fod y Beibl yn llyfr arwyddocaol iawn, sy'n datguddio i ni sut un ydy Duw a sut y dylen ni fyw. Rhaid i ni fod yn hyderus fod y Beibl yn wir a dibynadwy – y gallwn drystio beth mae'n ddweud. Os nad ydy o ddim mwy na llyfr sy'n llawn chwedlau a storïau tylwyth teg, camgymeriadau a gwrthddywediadau, sut ar wyneb daear allwn ni ei gredu, heb sôn am drystio'r Duw mae'n sôn amdano? Felly, pa dystiolaeth sydd yna fod y Beibl yn wir ac y gallwn ei drystio?

Y cliw cyntaf ydy'r enw ei hun. Mae'r gair 'Beibl' yn dod o'r gair Groeg *'biblia'* sy'n golygu *llyfrgell*, neu gasgliad o lyfrau. Mae'r Beibl yn gasgliad o 66 o lyfrau, 39 yn yr Hen Destament (yr adran cyn i Iesu gael ei eni), a 27 yn y Testament Newydd (yr adran ar ôl i Iesu gael ei eni).

Cafodd y llyfrau hyn eu sgwennu gan tua *40 o wahanol awduron*. Roedd rhai yn fugeiliaid, rhai yn weinyddwyr, rhai yn filwyr, a rhai yn frenhinoedd. Roedd eraill yn gasglwyr trethi, meddygon a physgotwyr. Cafodd y 66 llyfr eu sgwennu dros gyfnod o 2000 o flynyddoedd, yn cynnwys bwlch o 400 mlynedd rhwng yr Hen Destament a'r Newydd. Mae'r 66 llyfr yma yn adrodd stori gyson am Dduw cariadus sydd eisiau'r gorau i'w bobl ac a anfonodd ei Fab, Iesu, i'r ddaear. Gyda chymaint o awduron a'r fath gysondeb rhyngddyn nhw ar hyd yr holl flynyddoedd, mae'n amhosibl i'r Beibl fod yn 'ffuglen'.

Pa mor ddibynnol ydy o? Gad i ni wneud cymhariaeth. Mae haneswyr yn defnyddio dyddiaduron Iwl Cesar fel cofnod teg a chywir o hanes Rhufain yn gorchfygu Ffrainc: Rhyfeloedd Gâl. Y profion arferol i benderfynu os ydy llawysgrifau hynafol yn ddibynadwy ai peidio ydy *awduraeth* (pwy oedd yr awdur), *dyddiad* (pa mor agos i'r digwyddiadau gafodd ei sgwennu), a *ffynhonnell* (sawl copi o'r llawysgrifau hynafol sydd gynnon ni ac ydyn nhw'n gyson).

Mae haneswyr yn dweud mai awdur y cofnod am Rhyfeloedd Gâl ydy Iwl Cesar gan fod yna dystiolaeth o arddull, cynnwys, manylion a disgrifiadau sy'n gyson. Mae'r llawysgrifau yn dyddio nôl i tua *950 mlynedd* ar ôl y digwyddiadau, sy'n gofnod hanesyddol derbyniol. Mae tua *deg* copi o'r dyddiaduron, gyda dim ond peth anghysondeb rhyngddyn nhw. Os ydy hynny'n ddigon i haneswyr dderbyn dilysrwydd hanes Rhyfeloedd Gâl, edrycha ar y ffeithiau am y Beibl...

Mae awduron llyfrau'r Testament Newydd yn gymeriadau hanesyddol, gyda sôn am lawer ohonyn nhw mewn llawysgrifau cynnar eraill a chan haneswyr oedd yn gyfoeswyr iddyn nhw ond ddim yn Gristnogion. Maen nhw'n sgwennu gyda manylder diffuant a chysondeb fyddai rhywun yn ei ddisgwyl gan lygad-dystion dilys. Mae'r llawysgrifau hyn yn dyddio nôl i lai na *70 mlynedd* ar ôl y digwyddiadau maen nhw'n eu disgrifio; mae hynny o fewn oes rhai oedd yn bresennol ar y pryd. Mae yna'n *llythrennol filoedd* o gopïau o'r llawysgrifau, gyda *bron dim anghysondeb* rhyngddyn nhw. Y Beibl, heb os nac oni bai ydy'r ddogfen hanesyddol fwyaf dibynnol, o unrhyw fath, yn unman drwy'r byd i gyd. Ond nid dyna'r cyfan.

Yn yr Hen Destament mae yna broffwydoliaethau di-rif am ddyfodiad y Meseia, Iesu. Mae'r un mwyaf diweddar ryw 400 mlynedd cyn i Iesu ddod. Mae llawer ohonyn nhw'n delio â digwyddiadau nad oedd gan Iesu unrhyw reolaeth drostyn nhw, gan gynnwys, ble cafodd o ei eni, sut fyddai'n marw, a lle byddai'n cael ei gladdu. Eto, mewn 33 mlynedd o fyw ar y ddaear, cyflawnodd Iesu y proffwydoliaethau yma i gyd! Dyna arwydd arall o natur unigryw'r Beibl.

Byddai rhywun yn disgwyl i awduron eraill o'r cyfnod gyfeirio at rai o'r digwyddiadau y sonir amdanyn nhw yn y Beibl. Mae'r haneswyr Rhufeinig, Suetonius a Tacitus, yn yn cyfeirio at rai o ddigwyddiadau'r Testament Newydd! Hyd yn hyn does dim tystiolaeth archeolegol wedi gwrthbrofi cofnod y Beibl o ddigwyddiadau, tra bod llawer o ddarganfyddiadau – er enghraifft bodolaeth a theitl Pontius Peilat – yn dilysu disgrifiadau'r Beibl.

Nid gwerslyfr gwyddoniaeth ydy'r Beibl, yn dweud wrthon ni sut wnaeth Duw bethau, na llawlyfr yn dweud beth ddylen ni ei wneud ym mhob sefyllfa fyddwn ni'n cael ein hunain ynddi, ond mae'n gofnod cywir a dibynnol o ymwneud Duw â'r ddynoliaeth dros filoedd o flynyddoedd. Stori fyw Duw ydy'r Beibl. Gallwn droi ato i ddarganfod pwy ydy Duw; i glywed y doethineb sydd ynddo am sut y dylen ni fyw ein bywydau, ac i ddarganfod sut roedd pobl gyffredin yn ymwneud â Duw. Mae ymgolli yn y Beibl yn antur fawr sy'n hynod o werthfawr. Gelli fod yn hyderus y byddi'n cyfarfod Duw o fewn ei gloriau.

# GWNEUD

Pa gwestiynau sydd gen ti am y Beibl? Falle dy fod wedi clywed pobl yn dweud mai ffuglen ydy'r cwbl, neu ei fod yn gwrth-ddweud ei hun. Gan fod y Beibl yn llyfr mor bwysig i Gristnogion, mae'n werth darganfod a ydy beth rwyt wedi ei glywed yn wir ai peidio, ac a elli di ei drystio. Sgwenna dy gwestiynau i lawr a gwna bwynt o ofyn i Gristion wyt ti'n ei drystio. Gofynna iddyn nhw beth sy'n rhoi hyder yn y Beibl iddyn nhw. Dal ati i chwilio am atebion nes byddi di'n fodlon y gelli di drystio'r Beibl.

GWEDDÏO

(Aros am eiliad i weddïo rhwng brawddegau)

Treulia beth amser yn diolch i Dduw am y Beibl, ei fod wedi ysbrydoli pobl i sgwennu ei air, a'n bod ni yn rhydd i'w ddarllen a dysgu ohono.

Siarad gyda Duw am y cwestiynau sydd gen ti am y Beibl, ydy o'n wir ac yn ddibynadwy ai peidio.

Gofynna i Dduw roi i ti hyder yn ei air, fel dy fod yn gallu trystio'r hyn mae e'n ei ddweud drwyddo.

'Dduw Dad, diolch am y rhodd o Feibl a'r bobl rwyt wedi eu hysbrydoli drwy'r oesoedd i ysgrifennu beth glywon nhw gen ti. Plîs dangosa i mi y galla i drystio dy air, a siarada gyda mi drwy'i dudalennau. Yn enw Iesu. Amen.'

SIARAD

Pa rannau o'r Beibl wyt ti'n eu cael hawsaf i dderbyn eu bod yn wir?

PALU'N DDYFNACH

- **Deuteronomium 6:4-9.** Roedd pobl Israel yn yr Hen Destament i roi'r lle canolog i air Duw yn eu bywydau. Mae'r un peth yn wir i ni gyda'r Beibl cyfan.
- **Salm 33:4.** Mae'r Salmydd yn sôn am wirionedd gair Duw.
- **Luc 1:1-4.** Roedd y meddyg Luc yn ofalus iawn ei fod yn sgwennu disgrifiad cywir o fywyd Iesu y gellir ei drystio.
- **Ioan 21:24-25.** Roedd Ioan, awdur efengyl arall, yn adnabyddus fel rhywun dibynadwy a chywir.
- **2 Pedr 1:20-21.** Cawn ein hatgoffa yma o ble daw'r ysbrydoliaeth ar gyfer yr Ysgrythur.

SUT YDYN NI'N GWYBOD FOD IESU WEDI BODOLI?

Allwn ni fod yn siŵr ei fod wedi bodoli?
Archwilio'r dystiolaeth am yr Iesu hanesyddol a phwy
ydy o go iawn.

DECHRAU

"Ond beth amdanoch chi?" meddai *[Iesu wrth ei
ddisgyblion]*. "Pwy dych chi'n ddweud ydw i?"
(Mathew 16:15).
Sut fyddet ti yn ateb y cwestiwn yna? Pwy wyt ti'n meddwl
ydy o?

MEDDWL

Beth wyt ti'n feddwl am Iesu? Mae gan rai pobl duedd i'w roi yn yr un
categori â'r tylwyth teg neu Siôn Corn. Cymeriadau sy'n neis i gredu
ynddyn nhw pan wyt ti'n blentyn, ond os wyt ti'n dal i gredu ynddyn nhw
fel oedolyn, bydd pobl yn meddwl dy fod ychydig yn od...

Dydy o ddim llawer o help fod yna garolau sentimental yn honni nad
oedd Iesu yn crio pan yn fabi (ti'n cofio geiriau 'I orwedd mewn preseb'?)
fel petai o ddim mor ddynol a'r gweddill ohonon ni: 'Iesu tirion, gwêl

yn awr'. Mae hyn i gyd yn helpu pobl i wrthod Iesu fel dim mwy na rhyw ffigwr tylwyth teg sydd â dim i'w wneud â realiti caled bywyd ym Mhalesteina'r ganrif gyntaf. Ond dyma pwy oedd Iesu hanes go iawn: *cwbl ddynol. Cwbl real.*

Dŷn ni eisoes wedi edrych ar sut allwn drystio fod y Beibl yn gofnod cywir. Mae gynnon ni'r llawysgrifau gorau yn y byd yn y Beibl. Maen nhw'n mynd nôl yn gynharach ac agosach at y digwyddiadau eu hunain na llawer iawn o ddogfennau hanesyddol eraill. Yna, mae tystiolaeth haneswyr o'r un cyfnod oedd wedi sgwennu dogfennau sydd ddim yn rhan o'r Beibl: pobl heb unrhyw awydd personol i brofi fod Iesu wedi bodoli. Yn wir roedd rhai ohonyn nhw yn elynion i Iesu a'i ddilynwyr. Roedd awduron Rhufeinig fel Tacitus a Suetonius yn adleisio hanes y Testament Newydd.

Felly, yn hanesyddol dŷn ni'n gwybod lot fawr am Iesu. Dŷn ni'n gwybod pryd a ble cafodd o ei eni . Dŷn ni'n gwybod ble roedd yn byw. Gallwn olrhain ei achau. Gwyddom yn arbennig am dair blynedd olaf ei fywyd. Dŷn ni'n gwybod ble a sut y bu farw, a ble cafodd ei gladdu. Gelli fynd i'r llefydd yma i'w gweld drosot dy hun. Maen nhw mor real a Iesu ei hun. Meddyliwr diog sy'n dweud fod Iesu erioed wedi bodoli.

Does dim amheuaeth fod Iesu yn ffigwr hanesyddol, ond y cwestiwn pwysicaf ydy, oedd Iesu – neu ydy Iesu – y person oedd o'n honni ei fod. Yn Ioan 10:30 dwedodd Iesu ei fod o a Duw yn un. Roedd yn maddau pechodau pobl, sef rhywbeth all neb ond Duw ei wneud yn ôl Marc 2:7. Mae Iesu'n disgrifio'i hun yn union fel roedd Duw wedi disgrifio'i hun yn yr Hen Destament – fel bugail (Ioan 10:11-18), a thrwy roi enw hynafol am Dduw iddo'i hun, 'Fi ydy' neu 'Dw i'n bodoli' (Ioan 5:58). Yr hyn roedd Iesu'n ddweud oedd mai fo oedd Mab Duw, sydd yr un fath â dweud mai Duw oedd o. Roedd yn honni ei fod yn *gwbl ddynol* a *chwbl ddwyfol.*

Felly, y cwestiwn i'w ystyried oedd nid 'oedd Iesu'n bodoli fel ffigwr hanesyddol' gan ei bod yn anodd dadlau gyda'r dystiolaeth. Roedd Iesu yn bendant yn bodoli. Y cwestiwn go iawn ydy oedd Iesu pwy oedd o'n honni bod. Ai Mab Duw ydy Iesu?

Mae'r awdur Cristnogol enwog, C S Lewis, yn dweud ei bod hi'n chwerthinllyd dweud mai dyn da oedd Iesu, neu athro moesol a dim mwy na hynny. Dyma'i eiriau: *"A man who was merely a man and said the sort of things Jesus said would not be a great moral teacher. He would either be a lunatic – on a level with the man who says he is a poached egg – or else he would be the devil. You must make your choice. Either this man was, and is, the Son of God, or else a madman or something worse. You can shut Him up for a fool, you can spit at Him and kill Him as a demon, or you can fall at His feet and call Him Lord and God. But let us not come away with any patronising nonsense about His being a great human teacher. He has not let that open to us. He did not intend to."*

Mae'r dystiolaeth hanesyddol yn y Beibl, sy'n dangos i ni fod Iesu'n bodoli, hefyd yn cefnogi ei honiad mai Duw oedd o – drwy'r gwyrthiau gyflawnodd, a thrwy ei farwolaeth a'i atgyfodiad. Mae miliynau o bobl wedi sylfaenu eu bywydau ar y gred mai Duw ydy Iesu, a dydyn nhw ddim wedi cael eu siomi. Ydy Iesu'n Fab Duw go iawn? Mae'r ateb yn adleisio'n glir 'Ydy!'

GWNEUD

Meddylia am beth ddwedodd C S Lewis am Iesu – ei fod pwy oedd o'n honni bod; neu ei fod yn hollol wallgof; neu yn hollol ddrwg ac eisiau twyllo pobl. Elli di feddwl am unrhyw ddewis arall? Meddylia am bob un yn ei dro. Pa un wyt ti'n feddwl sy'n wir? Elli di ddweud heb unrhyw amheuaeth mai Iesu ydy Mab Duw? Os na fedri di, dal ati i ystyried y cwestiynau sydd gen ti. Penderfyna drafod dy gwestiynau gyda Christion arall, a hefyd y gwnei di weddïo a gofyn i Dduw ddangos y gwir i ti.

GWEDDÏO

(Aros am eiliad i weddïo rhwng brawddegau)

Diolcha i Dduw am y cofnodion dibynadwy sydd gynnon ni fod Iesu wedi bodoli.

Dywed wrth Dduw sut wyt ti'n teimlo am honiad Iesu mai fo oedd Mab Duw. Gelli fod yn hollol onest am unrhyw gwestiynau sydd gen ti.

Gofynna i Dduw ddangos y gwir am Iesu i ti, fel dy fod yn gwybod heb unrhyw amheuaeth fod Iesu pwy oedd o'n honni bod.

'Dduw Dad, diolch am y dystiolaeth sydd gynnon ni yn y Beibl ac o ffynonellau eraill yn dangos fod Iesu wedi bodoli. Diolch fod Iesu wedi dangos yn gwbl glir mai fo oedd Mab Duw, nid dim ond dyn da. Helpa fi i ddeall yn llawn beth mae hynny'n ei olygu a sut gallai hynny newid fy mywyd. Datguddia dy wirionedd i mi drwy'r Ysbryd Glân. Amen.'

SIARAD

Beth sy'n dy argyhoeddi di mai Iesu ydy Mab Duw?
Neu, pa gwestiynau eraill sydd gen ti amdano?

PALU'N DDYFNACH

- **Eseia 7:14.** Iesu ydy Duw gyda ni.
- **Ioan 20:30-31.** Ysgrifennodd Ioan ei efengyl er mwyn i bobl wybod mai Iesu ydy Mab Duw.
- **Actau 2:36.** Ar ôl i'r Ysbryd Glân ddod ar y Pentecost pregethodd Pedr mai Duw oedd Iesu.
- **Actau 9:19-20.** Iddew oedd yn casáu ac yn erlid Cristnogion oedd Saul, ond yna dyma fo'n cyfarfod Iesu a chafodd ei fywyd ei droi wyneb i waered. Dechreuodd bregethu mai Iesu ydy Mab Duw.
- **Colosiaid 2:9.** Mae Paul yn ein hatgoffa fod Iesu yn Dduw ond ei fod hefyd yn gwbl ddynol.

DIWRNOD 33

WNAETH IESU ATGYFODI GO IAWN?

*Archwilio'r dystiolaeth fod Crist wedi atgyfodi
a'r goblygiadau i ni heddiw.*

DECHRAU

...bod y Meseia wedi marw dros ein pechodau ni...ei fod wedi ei gladdu, a'i fod wedi ei godi yn ôl yn fyw ddeuddydd wedyn... os wnaeth y Meseia ddim codi, dydy'r newyddion da sy'n cael ei gyhoeddi yn ddim byd ond geiriau gwag – mae beth dych chi'n ei gredu yn gwbl ddiystyr! (1 Corinthiaid 15:3-4,14).
Pa dystiolaeth sydd gynnon ni fod Iesu wedi atgyfodi?

MEDDWL

Un o gredoau allweddol Cristnogion ydy fod Iesu wedi'i ladd ar groes, ac yna wedi ei godi yn ôl yn fyw eto. Y gair am yr ail ddigwyddiad yna ydy 'atgyfodiad'. Felly nid dim ond ffigwr hanesyddol oedd Iesu; roedd yn Dduw ac yn gwbl ddynol, ac mae'n dal yn fyw heddiw.

Falle fod y syniad yna yn anodd i'w ddeall pan wyt ti'n Gristion newydd, ond dydy o ddim yn rhywbeth mae Cristnogion yn gorfod ymdrechu'n rhy galed i'w gredu. Mae yna lot o dystiolaeth ac mae'n gwneud lot o sens.

Gad i ni edrych ar y dystiolaeth hanesyddol gyntaf. Yn y Beibl mae yna *chwe tyst uniongyrchol* sy'n sgwennu am atgyfodiad Iesu ac amdano'n cael ei weld yn fyw ac yn anadlu ar ôl iddo farw a chael ei gladdu.

Fel dŷn ni wedi sôn eisoes, mae'r Beibl yn llyfr dibynadwy y gallwn ei drystio; mae yna lot o dystiolaeth hanesyddol i gefnogi beth mae'n ei ddweud. Mae'r Beibl yn sôn am *ddeg achlysur gwahanol* pan welwyd Iesu ar ôl iddo ddod yn ôl yn fyw, a hynny dros gyfnod o tua chwe wythnos. Roedd rhai o'r adroddiadau hynny yn ymwneud â grwpiau mawr o hyd *at 500 o bobl*, felly dyddyn nhw ddim yn dibynnu ar grŵp bach o dystion. Roedd eraill yn ymwneud â grwpiau llai o'i ffrindiau gorau, fyddai ddim wedi cael eu camarwain gan dwyllwr.

Mae yna fwy o dystiolaeth hanesyddol mewn ysgrifau eraill. Mae hanesydd Iddewig o'r enw Josephus yn sôn am eni'r Iesu, ei wyrthiau ac – yn gwbl hanfodol – ei atgyfodiad, sy'n dangos mor eang oedd y ffeithiau hynny'n cael eu derbyn ar y pryd.

Mae rhai pobl yn ceisio darganfod esboniadau eraill i weddau ar yr atgyfodiad, ond mae'n anodd dod o hyd i unrhyw beth sy'n argyhoeddi. Mae rhai pobl yn dweud fod y *disgyblion wedi dwyn corff* Iesu a chreu storïau amdano'n dod yn ôl yn fyw. Ond roedd corff Iesu yn cael ei warchod gan filwyr ar ôl ei gladdu, felly byddai'n anodd iawn ei ddwyn. A chafodd llawer o'r disgyblion eu harteithio a'u lladd am eu ffydd. Pam fydden nhw'n gwneud hynny os oedden nhw'n gwybod fod y cwbl yn gelwydd?

Mae pobl eraill yn dweud fod *y Rhufeiniaid wedi symud y corff*. Ond roedd y Rhufeiniaid yn poeni'n fawr am dwf Cristnogaeth ar ôl atgyfodiad Iesu. Felly, os oedd y corff ganddyn nhw, pam na wnaethon nhw ei ddangos?

Esboniad arall ydy *nad oedd Iesu wedi marw go iawn*. Efallai mai llewygu wnaeth o ac yna dod ato'i hun yn y bedd oerllyd. Roedd Iesu wedi cael ei guro'n ddifrifol cyn iddo farw. Roedd milwyr profiadol wedi gwneud yn siŵr ei fod wedi marw. Cafodd ei drywanu yn ei ochr â gwaywffon a daeth gwaed a dŵr allan – sef beth sy'n digwydd pan mae rhywun wedi marw go iawn. Eto, digwyddodd hyn i gyd o flaen nifer fawr o dystion.

Felly, dydy'r esboniadau eraill yma ddim yn dal dŵr. Falle y bydd yn cymryd amser i ti ddeall yr atgyfodiad, ond mae'n gwneud gymaint mwy o sens na'r esboniadau eraill.

Mae yna un darn o dystiolaeth ar ôl: profiad miliynau o bobl dros y 2,000 o flynyddoedd diwethaf sydd wedi dod i nabod yr Iesu byw drostyn nhw eu hunain, a dydyn nhw ddim wedi cael eu siomi. Dw i'n ohonyn nhw; dw i'n gwybod fod Iesu wedi atgyfodi o farw'n fyw achos dw i wedi profi ei gariad a'i faddeuant, ac wedi profi ei bresenoldeb yn fy mywyd. Dw i'n gweddïo fod hynny'n wir i ti hefyd.

GWNEUD

Dy sialens am heddiw ydy darllen beth mae un o'r Efengylau yn ei ddweud am atgyfodiad Iesu. Dechreua drwy ddarllen Luc pennod 24, a gofynna i Dduw ddatguddio ei wirionedd i ti.

GWEDDÏO

(Aros am eiliad i weddïo rhwng brawddegau)

Cymer beth amser i weddïo am yr atgyfodiad

Beth am ddechrau drwy foli Duw a diolch Iddo am godi Iesu yn ôl yn fyw?

Dywed wrth Dduw beth wyt ti'n ei feddwl am yr atgyfodiad – bydd yn onest gydag o os oes gen ti unrhyw gwestiynau neu amheuon.

Diolcha i Dduw am y gwahaniaeth mae'r atgyfodiad yn ei wneud i dy fywyd, a'th berthynas â Duw.

'Iesu, diolch dy fod wedi concro marwolaeth a dod yn ôl yn fyw i ni gael bywyd newydd. Helpa fi i fyw yn realiti dy atgyfodiad, a dweud wrth eraill amdano. Amen.'

SIARAD

Pa dystiolaeth sy'n dy argyhoeddi di fod Iesu wedi atgyfodi?

PALU'N DDYFNACH

- **Salm 16:10.** Mae'r Salmydd yn siarad yn broffwydol am atgyfodiad Iesu.
- **Ioan 20:24-29.** Roedd Thomas yn ei chael hi'n anodd credu fod Iesu wedi dod yn ôl yn fyw, ond cafodd ei argyhoeddi pan welodd o.
- **Rhufeiniaid 8:34.** Mae Paul yn ein hatgoffa fod Iesu wedi atgyfodi a'i fod nawr yn gweddïo drosom.
- **1 Corinthiaid 15.** Mae Paul yn dweud pam fod credu yn yr atgyfodiad yn gwbl gwbl ganolog i'n ffydd.
- **1 Pedr 1:3-5.** Mae Pedr yn dweud fod yr atgyfodiad yn agor drysau dyfodol cwbl newydd i ni.

PAM MAE YNA GYMAINT O DDIODDEFAINT?

Pam bod Duw yn caniatáu dioddefaint?
Edrych ar y rhesymau am ddioddefaint ac ymateb Duw.

DECHRAU

Dw i'n methu bwyta, ac yn crïo nos a dydd, wrth iddyn nhw wawdio'n ddiddiwedd, "Ble mae dy Dduw di, felly?" (Salm 42:3).
Pam fod yna gymaint o ddioddefaint yn y byd, a ble mae Duw pan mae'n digwydd?

MEDDWL

Pam fod cymaint o ddioddefaint yn y byd? Mae'n gwestiwn mae pobl wedi bod yn ei ofyn am ganrifoedd. Y cwestiwn nesaf fel arfer ydy: Os mai cariad ydy Duw pam nad ydy o'n stopio'r dioddef? Mae'r rhain yn gwestiynau mawr, heb atebion hawdd. Gad i ni edrych arnyn nhw'n fwy manwl.

Mae peth dioddefaint yn ganlyniad naturiol *achos ac effaith*, hyd yn oed ar raddfa fawr. Pan mae pwysedd uchel yn cynyddu rhwng platiau tectonig dan y ddaear ac yn cyrraedd ffawtlin gall y daeargryn sy'n dilyn achosi dioddefaint i filoedd o bobl. Yn yr un ffordd, mae llawer o ddioddefaint yn cael ei achosi gan yr hyn y gellid ei alw yn *ddiffygion yn y cynllun*. Mae germau yn gallu addasu a newid a dod o hyd i ffyrdd newydd o ymosod ar ein system imiwnedd, sy'n arwain i salwch ac afiechydon. Mae côd bywyd, y strwythur genetig a alwn yn DNA, yn gallu bod yn ddiffygiol felly mae pobl yn dioddef o anhwylderau sydd wedi'u hetifeddu, ac anableddau ffisegol a meddyliol.

Ond mae peth dioddefaint, fodd bynnag, yn cael ei achosi gan y *dewisiadau dŷn ni'n eu gwneud* a'n *gweithredoedd*. Dŷn ni'n hel clecs, dweud celwydd, dwyn a brifo pobl... Mae pob un ohonon ni'n gwybod ein bod yn gallu dewis gwneud pethau sy'n achosi poen a dioddefaint i rywun arall.

A phe bai byd naturiol toredig a phobl doredig ddim yn ddigon, mae yna drydedd ffynhonnell o ddioddefaint. I ddweud y gwir y ffynhonnell yma ydy gwreiddyn y ddau arall, yr holl ddioddef sydd wedi digwydd yn y byd o'r dechrau cyntaf.

Mae'r Beibl yn dysgu mai'r drydedd ffynhonnell a gwreiddyn pob dioddef ydy'r *diafol*. Ystyr ei enw, Satan, ydy 'y gelyn'. Satan wnaeth demtio y bobl gyntaf i fod yn anufudd i Dduw, ac o ganlyniad, cafodd y greadigaeth gyfan ei sbwylio a'i thorri, yn ogystal â'n perthynas ni â Duw ac â'n gilydd. Dŷn ni'n byw mewn byd toredig.

Felly, pam nad ydy Duw yn gwneud rhywbeth am ddioddefaint? Gad i ni edrych ar ei opsiynau. Falle mai'r opsiwn hawsaf fyddai cael gwared â bob pechod a hunanoldeb erbyn hanner nos heno. Y broblem ydy, pwy fyddai ar ôl erbyn 12:01a.m.? Neb ohonon ni. Gan ein bod ni i gyd wedi torri, byddai'n rhaid ein dinistrio ni i gyd. Mae Duw yn ein caru ni ormod i wneud hyn. Mae'n aros yn amyneddgar i gymaint o bobl ag sy'n bosib ddarganfod ei gariad a'i faddeuant yn Iesu. (gw. 2 Pedr 3:9).

Neu falle y gallai Duw ein gorfodi ni i fod yn dda, dim yn ddrwg? Y broblem ydy, bydden ni wedyn fel rhyw robotiaid wedi eu rhaglennu, yn methu caru na gwneud unrhyw ddewisiadau. Mae 1 Ioan 4:16 yn dweud mai cariad ydy Duw, ac mae'n ein caru ormod i'n gorfodi i wneud ei ewyllys. Mae Galatiaid 5:1 yn dweud fod Duw yn rhoi rhyddid i ni, rhyddid i ddewis gwneud y peth iawn neu beidio.

Yn lle hyn, aeth Duw am drydydd opsiwn: *dim dinistrio, dim gorfodaeth, ond defosiwn*. Mae Ioan 3:16 yn dweud fod Duw wedi caru'r byd cymaint fel ei fod wedi anfon ei Fab, Iesu. Ti'n gweld, mae Duw wedi gwneud rhywbeth am ddioddefaint. Yn yr esiampl eithaf o ymrwymiad i ni penderfynodd Duw fod yn rhan o'r poen a'r dioddef sy'n y byd pan oedd Iesu – Duw mewn cnawd – yn byw ar y ddaear yma. Cymrodd Iesu ddioddefaint, pechod a salwch y byd i'r groes. Mae Duw yn deall beth ydy dioddef gan ei fod o'i hun wedi dioddef. Mae'r Beibl yn addo y *bydd Duw*, rhyw ddydd, yn rhoi diwedd ar ddioddefaint, pan fydd yn sefydlu ei greadigaeth newydd.

Yn y cyfamser mae Duw yn ein galw i fynd ati i weithio'n galed ar ei ran a dangos ei gariad, ei gyfiawnder a'i drugaredd i'r byd. Mae Cristnogion wedi'u galw i sefyll gyda'r rhai sy'n dioddef, a dangos cariad a gofal Duw. Mae'n bosib rhoi diwedd ar beth dioddef. Mae yna ddigon o fwyd yn y byd i bawb, ond mae'n cael ei rannu'n annheg. Mae modd gwella rhai afiechydon. Dolur rhydd ydy un o'r pethau sy'n lladd y rhan fwyaf o bobl ond mae'r driniaeth i'w arbed yn costio ychydig geiniogau. Gall rhai pobl gas gael eu cyffwrdd a'u newid gan y newyddion da am gariad a maddeuant Iesu.

Mae'n cael ei ddweud mai'r cwbl sydd ei angen i ddrygioni lwyddo ydy i bobl dda wneud dim. Yn wyneb dioddefaint, rhoddodd Duw ei Fab, Iesu Grist. Beth wnawn ni? Pan fydd Duw yn ein clywed ni'n gofyn iddo pam nad ydy o'n gwneud rhywbeth am ddioddefaint, falle y bydd o'n taflu'r un cwestiwn yn ôl aton ni. Beth ydyn ni'n mynd i'w wneud?

GWNEUD

Beth allet ti ei wneud am ddioddefaint? Elli di ddim datrys problemau'r byd i gyd dy hun ond gallet ti wneud gwahaniaeth i un person. Meddylia am rywun ti'n ei nabod sy'n dioddef, a gofyn i Dduw ddangos i ti beth allet ti ei wneud. Falle y gallet ti wneud rhywbeth a chael dy noddi i godi arian i'r digartref. Falle y gallet ti dorri'r lawnt i gymydog sy'n sâl? Penderfyna beth allet ti wneud yr wythnos hon i leddfu dioddefaint.

GWEDDÏO

(Aros am eiliad i weddïo rhwng brawddegau)

Falle fod dioddefaint yn rhywbeth sy'n agos iawn at dy galon. Meddylia am y bobl wyt ti'n gwybod amdanyn nhw sy'n dioddef. Siarada gyda Duw am yr hyn maen nhw'n mynd trwyddo a sut wyt ti'n teimlo am y peth. Gelli fod yn hollol onest.

Pa gwestiynau wyt ti eisiau eu gofyn i Dduw am eu dioddefaint nhw?

Treulia beth amser yn gofyn i Dduw ymyrryd yn eu dioddefaint gan ddod â'i gariad, ei iachâd a'i bresenoldeb i'r sefyllfa.

Gofynna i Dduw beth ddylet ti ei wneud i'w helpu nhw.

'Arglwydd Dduw, dŷn ni'n byw mewn byd toredig ac mae effaith hynny i'w weld o'n cwmpas ym mhobman. Dŷn ni'n gwybod dy fod yn teimlo poen y bobl wyt ti wedi eu creu – a'th fod yn dioddef ochr yn ochr â nhw. Diolch i ti am anfon Iesu fel y bydd pob dioddefaint yn dod i ben ryw ddydd. Helpa fi i weithio gyda ti i wneud beth alla i, i roi diwedd ar ddioddefaint yma ar y ddaear. Yn enw Iesu. Amen.'

SIARAD

Ydy'r sesiwn yma wedi dy helpu i feddwl mwy am ddioddefaint?

PALU'N DDYFNACH

- **Eseia 53.** Mae Eseia'n disgrifio yr hyn wnaeth Crist ei ddioddef yn glir iawn.
- **Luc 6:22.** Mae Iesu'n dweud y byddwn ni'n dioddef dim ond am ein bod yn ei ddilyn o.
- **1 Corinthiaid 13:12.** Mae Paul yn ein hatgoffa y byddwn yn deall popeth ryw ddydd.
- **1 Pedr 4:12-13.** Mae Pedr yn dweud fod dioddefaint yn anochel.
- **Datguddiad 21:1-5.** Dŷn ni'n edrych ymlaen at nefoedd newydd a daear newydd lle bydd yna ddim dioddefaint.

YDY GWYRTHIAU'N DAL I DDIGWYDD HEDDIW?

Beth ydy gwyrth?
Meddwl am y gwyrthiau yn y Beibl – ac ers hynny.

DECHRAU

Roedd Duw yn gwneud gwyrthiau anhygoel drwy Paul (Actau 19:11).
Wyt ti'n meddwl fod gwyrthiau'n dal i ddigwydd heddiw?

MEDDWL

Mae yna stori yn yr Efengylau sy'n sôn am filoedd o bobl yn dod at ei gilydd i wrando ar Iesu yn siarad. Roedden nhw'n gwrando arno am oriau – roedd hi'n dechrau mynd yn hwyr, ac roedd hi'n amlwg fod y bobl yn llwglyd. Felly dyma Iesu yn dweud wrth ei ddisgyblion, 'Rhowch chi rywbeth i'w fwyta iddyn nhw.'

Mae'n amlwg nad oedden nhw'n gallu ffonio i ordro pizzas, hyd yn oed petai ganddyn nhw ddigon o arian i dalu amdano. Felly dyma'r disgyblion yn holi rownd i weld os oedd gan unrhyw un fwyd i'w rannu. Dim ond pum torth fach a dau bysgodyn gawson nhw – a doedd hynny'n sicr ddim digon i fwydo dros 5,000 o bobl.

Dwedodd Iesu wrth bawb i eistedd i lawr mewn grwpiau. Gweddïodd dros y bwyd ac yna gofyn i'r disgyblion ei rannu. Yn wyrthiol, cafodd pawb ddigon i'w fwyta a dyma'r disgyblion yn casglu 12 llond basged o dameidiau oedd dros ben. Gelli ddarllen yr hanes yn Marc 6:30-44.

Sut ddigwyddodd hynny? Sut allai cinio pecyn un person fwydo dros 5,000 o bobl? Roedd yn wyrth – *rhywbeth all deddfau natur mo'i esbonio*. Nid lwc neu gyd-ddigwyddiad ydy gwyrth: Duw sydd yn *ymyrryd* ym mywydau pobl.

Mae yna lot fawr o wyrthiau yn y Beibl. Yn yr Hen Destament, dyma Moses yn codi ei law dros y Môr Coch a dyma'r dyfroedd yn gwahanu, gan adael i bobl Israel ddianc oddi wrth eu gelynion (Exodus 14:21-31). Yn y Testament Newydd, cafodd Pedr ei ryddhau o garchar gan angel (Actau 12:1-18).

Felly, pam oedd Duw yn cyflawni gwyrthiau? Weithiau, roedd am *ddangos ei nerth rhyfeddol.* Yn Josua 10:13 rydyn ni'n darllen am yr haul yn sefyll yn llonydd yn yr awyr am ddiwrnod cyfan yng nghanol brwydr, er mwyn i fyddin Israel ennill. Y dyddiau hynny roedd llawer o bobl yn addoli'r haul, felly drwy ei stopio, roedd Duw yn dangos mai fo wnaeth greu yr haul a'i fod yn gallu ei reoli.

Dro arall, roedd Duw yn cyflawni gwyrthiau i *ddilysu'r person* oedd yn siarad ar ei ran. Yn Actau 3:1-10, mae Pedr ac Ioan yn iacháu cardotyn oedd erioed wedi gallu cerdded, er mwyn i bobl wybod fod yr hyn roedden nhw'n ei ddweud am Iesu yn wir. Roedd Duw hefyd yn gwneud gwyrthiau i *ddangos ei gariad at bobl.*

Yn ddiddorol iawn, dyna'r tri rheswm pam roedd Iesu'n gwneud gwyrthiau hefyd. Tawelodd storm ar y môr (yn Marc 4:35-41), drwy siarad gyda'r storm a dangos ei fod yn gallu rheoli'r tywydd. Iachaodd ddyn wedi ei barlysu (yn Marc 2:1-12) i ddangos mai Duw oedd wedi ei anfon a'i fod yn gallu maddau pechodau. Yna (yn Marc 5:35) daeth â merch ifanc yn ôl yn fyw am ei fod yn tosturio wrthi hi a'i theulu.

Mae'r Beibl yn dweud hefyd am bobl eraill oedd yn cyflawni gwyrthiau yn nerth Duw ac yn ei enw. Rydyn ni eisoes wedi sôn am Pedr ac Ioan yn iacháu'r dyn cloff. Roedd Pedr hefyd wedi gweddïo dros wraig or enw Dorcas oedd wedi marw, a daeth yn ôl yn fyw (yn Actau 9:36-42).

Ydy gwyrthiau'n dal i ddigwydd heddiw? Ar hyd hanes, mae yna dystiolaeth fod Cristnogion wedi gweld gwyrthiau'n digwydd pan oedden nhw'n gweddïo yn enw Iesu. Er enghraifft, mae'r llyfr *The Heavenly Man* yn adrodd stori Cristion Tsieineaidd o'r enw Brother Yun, oedd yn cael ei erlid am ei ffydd, a'r ffordd wyrthiol y gwnaeth o ddianc o garchar.

Dwedodd Iesu yn Ioan 14:12 y byddai pwy bynnag sy'n credu ynddo yn gallu gwneud yr un pethau ag oedd o'n eu gwneud, ac yn wir yn *gwneud pethau llawer iawn mwy nag a wnaeth o.* Yn 1 Corinthiaid 12:27-29, mae Paul yn dweud fod yna *ddawn ysbrydol* sy'n cael ei rhoi i rai pobl i wneud gwyrthiau. Wrth ddod i nabod Duw yn well a darganfod mwy am ei natur, gad i ni ddod â'n anghenion a'n gofynion ato fo a disgwyl iddo ymyrryd yn wyrthiol yn ein byd!

GWNEUD

Siarada gyda thri Cristion yr wythnos nesaf yma a gofyn beth maen nhw'n ei feddwl am wyrthiau. Gofyn iddyn nhw os ydyn nhw wedi profi Duw yn ymyrryd yn eu bywydau erioed, a hynny mewn ffordd nad ydy deddfau natur yn gallu ei esbonio. Siarada gyda nhw os oes gen ti unrhyw gwestiynau.

GWEDDÏO

(Aros am eiliad i weddïo rhwng brawddegau)

Treulia beth amser yn diolch i Dduw ei fod mor fawr ac am y gwyrthiau mae wedi eu cyflawni.

Dywed wrth Dduw beth wyt ti'n ei feddwl am wyrthiau, y rhai yn y Beibl a'r rhai sy'n digwydd heddiw.

Gofynna i Dduw dy helpu i ddod i'w nabod yn well a chryfhau dy ffydd ynddo er mwyn i ti allu gweddïo gyda hyder newydd.

Siarada gyda Duw am y ffyrdd wyt ti'n hiraethu iddo ymyrryd yn dy fywyd di neu ym mywydau dy deulu.

'O Dduw hollalluog, dw i'n dy foli di am dy fod ti'r gallu i ymyrryd yn ein byd, a bod gen ti'r awydd i iacháu ac adfer bywydau pobl. Cryfha fy ffydd i, dw i'n gweddïo, fel fy mod i'n disgwyl i ti wneud gwyrthiau yn fy mywyd ac ym mywydau'r bobl dw i'n eu caru. Yn enw Iesu. Amen'

SIARAD

Wyt ti wedi clywed erioed am wyrthiau'n digwydd heddiw?

PALU'N DDYFNACH

- **Exodus 34:10.** Mae Duw yn cyflawni gwyrthiau i ddangos ei nerth.
- **Salm 78:1-7.** Yn ein hatgoffa am bwysigrwydd cofio am bopeth mae Duw wedi ei wneud droson ni.
- **Marc 9:14-29.** Roedd y dyn ofynnodd i Iesu iacháu ei fab yn onest am y cwestiynau oedd ganddo: 'Dw i yn credu! Helpa di fi i beidio amau!'
- **Actau 4:29-30.** Roedd yr eglwys gynnar yn gweddïo am y gwyrthiol.
- **Hebreaid 2:4.** Roedd Duw yn cadarnhau ei neges drwy wyrthiau.

DIWRNOD
36

PAM YDW I YMA?

Beth ydy pwrpas fy mywyd?
Gafael yng ngweledigaeth Duw ar gyfer ein bywydau.

DECHRAU

Fi sy'n gwybod beth dw i wedi'i gynllunio ar eich cyfer chi, meddai'r ARGLWYDD. Dw i'n bwriadu eich bendithio chi, dim gwneud niwed i chi. Dw i am roi dyfodol llawn gobaith i chi. (Jeremeia 29:11).
Beth ydy dy bwrpas di mewn bywyd? Pam wyt ti yma?

MEDDWL

Dwedodd rhywun unwaith: "Wrth feddwl am y dyfodol, mae yna dri math o bobl: y rhai sy'n gadael iddo ddigwydd, y rhai sy'n gwneud iddo ddigwydd, a'r rhai sy'n meddwl tybed beth ddigwyddodd." Mae Duw eisiau i ni fod yn bobl sy'n gwneud i bethau ddigwydd; sy'n cymryd rhan mewn bywyd ac yn *"manteisio ar bob cyfle"* – sef beth mae Paul yn ein hannog ni i'w wneud yn Effesiaid 5:16.

Felly, sut allwn ni fod yn bobl sy'n gwneud i bethau ddigwydd? Yn gyntaf, rhaid i ni fod â rhyw syniad o bwrpas mewn bywyd – deall pam dŷn ni yma. Rwyt ti yma ar y ddaear am mai dyna oedd cynllun Duw. Nid damwain wyt ti. Mae Salm 139:13 yn dweud fod Duw wedi gwneud pob un ohonon ni'n unigol: *"Ti greodd fy meddwl a'm teimladau; a'm plethu i yng nghroth fy mam."*

Mae gan Dduw gynllun a phwrpas ar gyfer dy fywyd. Mae Salm 139:4 yn dweud: *"Ti'n gwybod beth dw i'n mynd i'w ddweud cyn i mi agor fy ngheg."* Dydy hynny ddim yn golygu fod Duw wedi sgwennu sgript ar gyfer dy fywyd; ond mae yn golygu fod Duw yn dy nabod di mor dda mae'n gwybod sut fyddi di yn ymateb mewn gwahanol amgylchiadau. Gelli fod yn siŵr fod y cynlluniau sydd ganddo fo ar gyfer dy fywyd yn rhai da.

Felly, *ymuna gyda'r pwrpas sydd gan Dduw ar gyfer dy fywyd*, a dewisa fyw gyda bwriad; gan roi popeth sydd gen ti a phopeth wyt ti i Dduw. Mae Duw yn dy wahodd di i ymuno gydag o yn ei genhadaeth i newid y byd: i garu pobl fel mae o'n eu caru nhw, i wasanaethu pobl, ac i gyfeirio pobl at Iesu – i weld ei Deyrnas yn dod a'i ewyllys o'n cael ei gwneud yma, heddiw ar y ddaear.

Sut wyt ti'n gwneud hynny? Yn gyntaf, rhaid i ti osgoi'r pethau hynny sy'n gwneud i ti wastraffu dy amser a'th egni. Er enghraifft, paid treulio cymaint o amser yn chwarae gemau cyfrifiadurol neu'n edrych ar y teledu nes bod dy gyfeillgarwch gydag eraill yn dioddef neu dy fod yn anghofio treulio amser gyda Duw. Yn ail, dylet osgoi pobl sy'n ceisio dy reoli a'th gael i wneud beth maen nhw eisiau; dewisa ffrindiau fydd yn dy helpu i wneud y gorau o dy fywyd.

Bydd yna ddigon o adegau pan nad wyt ti'n teimlo'n rhyw frwdfrydig iawn, neu pan fydd bywyd yn anodd. Ond yna gelli wneud beth wnaeth Dafydd yn Salm 103:1, lle mae'n ysgwyd ei hun ac yn dewis moli Duw, er falle nad ydy o'n teimlo fel gwneud hynny. Mae'n dweud: *"Fy enaid, bendithia'r Arglwydd!"* Mae'n atgoffa ei hun mor fawr, mor ddoeth ac mor gariadus ydy Duw – ac erbyn diwedd y Salm mae'n llawn brwdfrydedd eto!

Wrth i ti ddod i nabod Duw yn well, byddi'n darganfod mwy am fwriad penodol Duw ar gyfer dy fywyd di. Mae gen ti ddoniau unigryw mae Duw eisiau i ti eu defnyddio i'w wasanaethu o. Wrth i ti dreulio mwy o amser gydag o, bydd yn dangos i ti'n union sut y gelli wneud hynny.

Hefyd, disgwylia i Dduw siarad hefo ti drwy'r Beibl – weithiau drwy un adnod allweddol sydd fel petai'n neidio allan atat ti. Disgwylia i Dduw siarad gyda ti drwy eiriau doeth Cristnogion rwyt ti'n eu trystio, wrth i ti siarad gyda nhw am beth rwyt ti eisiau ei wneud gyda dy fywyd; a gofyn iddyn nhw weddïo drosot ti. Disgwylia brofi'r Ysbryd Glân yn procio dy enaid, gyda phrofiad o heddwch dwfn, neu gyffro, neu rhyw deimlad cryf fod rhaid i rywbeth newid.

Bydd hyn i gyd yn dod wrth i ti ymroi i fod yn berson sy'n gweithio gyda Duw i wneud i bethau ddigwydd.

Daeth rhyw ddyn at Iesu un tro a gofyn iddo beth oedd y peth pwysicaf i'w wneud mewn bywyd. Atebodd Iesu ein bod i garu Duw â'n holl galon, enaid, nerth a meddwl, a charu ein cymydog fel dŷn ni'n caru ein hunain. *Prif bwrpas dy fywyd di ydy i garu Duw, caru pobl, caru dy hun a charu byd Duw –* gyda phopeth sydd ynot ti a chyda help Duw. Felly, am beth wyt ti'n disgwyl?

GWNEUD

Oes yna bethau yn dy fywyd di sy'n gwneud i ti wastraffu dy amser a'th egni – treulio gormod o amser ar y cyfryngau cymdeithasol falle, neu o flaen y teledu? Bod yng nghwmni pobl sy'n ei gwneud hi'n anodd i ti fod yn ti dy hun? Yn lle hynny, pam wnei di ddim dewis treulio amser yn gofyn i Dduw ddangos i ti beth ydy ei gynllun o ar gyfer dy fywyd? Neu beth am gyfarfod gyda ffrind wyt ti'n ei drystio i drafod hyn i gyd?

GWEDDÏO

(Aros am eiliad i weddïo rhwng brawddegau)

Duw wnaeth greu dy feddwl a'th deimladau; fo wnaeth dy blethu di yng nghroth dy fam.

Treulia ychydig amser yn diolch i Dduw ei fod yn dy nabod di i'r dim ac yn dy garu di. Anadla gariad Duw i mewn, a dychmyga'r cariad hwnnw yn llenwi pob cornel ohonot ti.

Diolcha i Dduw fod ganddo gynllun a phwrpas i dy fywyd, a bod ganddo bethau da ar dy gyfer. Dywed wrtho sut mae hynny'n gwneud i ti deimlo.

Gofynna i Dduw ddatguddio ei gynlluniau ar gyfer dy fywyd pan mae'r amser yn iawn. Siarada gyda Duw am dy awydd i fod yn rhywun sy'n gwneud i bethau ddigwydd.

'Dduw ein Crëwr, clod i ti am y gofal rhyfeddol a'r cariad ddangosaist wrth ein creu ni a'r byd rydyn ni'n byw ynddo. Arglwydd, dw i eisiau bod yn rhywun sy'n gwneud i bethau ddigwydd, sy'n cydweithio â'th fwriadau da di ac yn gweld dy gynlluniau di yn datblygu yn fy mywyd. Dangos i mi'r camau wyt ti eisiau i mi eu cymryd. Yn enw Iesu. Amen.'

SIARAD

Beth ydy dy freuddwydion di ar gyfer dy ddyfodol? Faset ti'n hoffi bod â rhan yn yr hyn mae Duw'n ei wneud yn y byd?

PALU'N DDYFNACH

- **Diarhebion 3:5-6.** Trystia Dduw yn llwyr a bydd yn dangos i ti pa ffordd i fynd mewn bywyd.
- **Diarhebion 19:21.** Yn y pen draw mae ewyllys Duw ar gyfer ein bywydau yn bwysicach na'n cynlluniau ni.
- **Jeremeia 29:11-14.** Mae gan Dduw gynllun ar gyfer ein bywydau, ac mae'n gynllun da!
- **Rhufeiniaid 12:1-3.** Mae Paul yn ein hannog ni i addoli Duw o ddifri, â'n holl enaid.
- **Effesiaid 1:11-12.** Mae Duw wedi'n dewis ni i fod yn rhan o'i deulu.

SUT ALL DUW FOD YN DRI YN UN?

Archwilio'r syniad o Drindod.

DECHRAU

Ewch i wneud pobl o bob gwlad yn ddisgyblion i mi, a'u bedyddio nhw fel arwydd eu bod nhw wedi dod i berthynas â'r Tad, a'r Mab a'r Ysbryd Glân. (Mathew 28:19).

Pam bod Cristnogion yn credu yn y Drindod: fod Duw yn 'dri yn un'?

MEDDWL

Heddiw rydyn ni'n meddwl am un wedd ar natur Duw sy'n gallu bod yn anodd iawn i'w deall – y Drindod. Mae Cristnogion yn addoli un Duw sy'n dri pherson – **Tad, Mab** ac **Ysbryd**.

Sut mae Duw yn gallu bod yn un ac eto'n dri ar yr un pryd? Mae Eseia 55:9 yn ein hatgoffa fod meddyliau Duw a'r ffordd mae o'n gwneud pethau yn llawer uwch na'n syniadau ni, felly allwn ni ddim disgwyl deall yn llawn bopeth am Dduw.

Ar yr un pryd, mae Duw wir eisiau i ni ddod i'w nabod a'i garu. Os edrychi di ar y greadigaeth, mae wedi rhoi rhai pethau eraill i ni sydd yn dri yn un. Meddylia am y cemegyn H_2O er enghraifft, sef dŵr (fel y gwyddost yn iawn). Mae'n gallu bodoli mewn tri stad wahanol, yn dibynnu ar y tymheredd. Fel hylif: dŵr; fel solid: rhew (neu iâ); ac fel anwedd: ager (neu stêm). Mae'r tri yn wahanol, ac eto yr un yn eu hanfod.

Dydy'r gair 'trindod' ddim i'w weld yn y Beibl, ond mae'r ffaith fod yr un Duw yn bodoli yn dri pherson yn gwbl amlwg yna. Er enghraifft, yn Marc 1:9-11, pan mae Ioan yn bedyddio Iesu yn yr afon Iorddonen, mae'n gweld yr Ysbryd Glân yn disgyn ar Iesu fel colomen, ac yn clywed llais Duw y Tad o'r nefoedd yn dweud wrth Iesu: *"Ti ydy fy Mab annwyl i; rwyt ti wedi fy mhlesio i'n llwyr."* Roedd y Tad, y Mab a'r Ysbryd yn bresennol pan gafodd Iesu ei fedyddio.

Mae deall mwy am y Drindod yn gallu agor drysau i ni ddeall yn well sut un ydy Duw. Mae'r Beibl yn dweud tri peth am y tri pherson sy'n rhan o'r un Duw.

Yn gyntaf, maen nhw'n *gydradd.* Dydy un ddim yn bwysicach neu'n fwy trawiadol na'r lleill. Maen nhw'n dewis cydweithio gyda'i gilydd mewn ffordd sy'n anrhydeddu ei gilydd yn gyson.

Yn ail, mae'r tri yn *dragwyddol.* Mae Duw yn bodoli, mae wedi bodoli erioed a bydd yna bob amser – y tair gwedd iddo. Mae Genesis 1:1 yn sôn am 'Ysbryd Duw yn hofran dros wyneb y dŵr' cyn i'r byd gael ei greu. Mae Colosiaid 1:16 yn dweud fod Iesu yna adeg y creu, a bod popeth wedi ei greu trwyddo fo.

Yn drydydd, mae *pwyslais* gwahanol i bob un o bersonau'r Duwdod. Duw y Tad ydy *'Dechreuwr'* neu *Ffynhonnell* y cread; Iesu'r Mab ydy'r *'Datguddiwr'* sy'n dangos y Tad i ni; a'r Ysbryd Glân ydy'r *'Cyfnerthwr',* sy'n ein galluogi ni i fyw fel mae Duw eisiau i ni fyw. Mae arnon ni angen Duw yn Dad, Mab ac Ysbryd Glân ar waith yn ein bywydau.

Mae'r Drindod yn ein hatgoffa hefyd fod perthynas yn rhan hanfodol o natur Duw. Mae Effesiaid 3:14-15 yn dweud mai fo ydy'r 'teulu' gwreiddiol, y mae pob teulu yn y nefoedd a'r ddaear yn cymryd ei enw oddi wrtho (gw. Y Beibl Cymraeg Newydd). Fo ydy'r tîm gwreiddiol, a dyna pam mae o bob amser yn disgwyl i ni weithredu fel tîm.

Mae'r ffaith fod Duw yn *dri yn un* yn profi fod Duw yn hoffi undod ac amrywiaeth. Mae yna amrywiaeth anhygoel yn y bydysawd, ac eto mae'r cwbl yn cydlynu; mae pob rhan yn effeithio'r gweddill. Mae'r un peth yn wir am bobl. Mae Duw wrth ei fodd gyda ti fel unigolyn sy'n hollol unigryw. Ond mae o hefyd wrth ei fodd pan rydyn ni'n gweithio gyda'n gilydd, yn cyd-fodoli, yn cydweithio ac yn gydradd â'n gilydd.

Mae'r Drindod yn ein hatgoffa hefyd nad yw Duw yn wrywaidd. Creodd Duw bobl yn ddelw ohono'i hun, gwryw a benyw. Mae'r Ysbryd Glân yn cael ei gyfeirio ato'n aml yn fenywaidd yn yr Hen Destament, oherwydd yn y pen draw dydy Duw ddim yn wrywaidd na benywaidd. Mae dynion a merched wedi eu creu ar ei ddelw ac yn gyfartal yn ei olwg.

Falle fod y Drindod yn syniad newydd i ti, ond mae'n rhan unigryw o'r ffydd Gristnogol. Gellir gweld – yn yr Ysgrythur a thrwy brofiad – fod y Duw sy'n meddwl ac yn caru yn Drindod; y Duw sy'n dri yn un, yn caru ac yn cydweithredu. Am esiampl wych i ni ei dilyn ac ymgyrraedd ati.

 **GWNEUD**

Y sialens i ti heddiw ydy meddwl am y syniad fod perthynas yn rhan o natur y Drindod – sut mae Duw y Tad, Duw y Mab a Duw yr Ysbryd yn cyd-weithio â'i gilydd. Pa mor dda wyt ti am weithio gydag eraill? Sut allet ti fod yn ffrind gwell mewn cyswllt agosach â'r bobl o'th gwmpas? Gofyn i Dduw dy helpu di i garu fel mae o'n caru.

GWEDDÏO

(Aros am eiliad i weddïo rhwng brawddegau)

Mae Duw yn clywed ein gweddïau i gyd ac yn ymateb iddyn nhw, pan weddïwn ar Dduw fel Tad, neu ar Iesu neu'r Ysbryd Glân.

Canolbwyntia ar Dduw y Tad, a diolch iddo am ei gariad a'i ofal amdanat.

Meddylia am Iesu y Mab, a gofyn iddo ddangos Duw i ti.

Agor dy galon i Dduw'r Ysbryd, a gofyn i'r Ysbryd dy lenwi â nerth Duw.

'Dad cariadus, diolch i ti dy fod wedi dangos dy hun i ni mewn cymaint o wahanol ffyrdd, ond rydyn ni'n cydnabod hefyd mai Duw wyt ti – a'n bod yn ei chael yn anodd dy ddeall di'n llawn. Plîs dangos fwy ohonot ti dy hun i mi, fel Tad, Mab ac Ysbryd. Helpa fi i dyfu yn fy mherthynas gyda ti ac eraill. Amen.'

SIARAD

Wyt ti'n cael y syniad o'r Drindod yn ddryslyd? Elli di feddwl am ffyrdd eraill o esbonio sut y gall Duw fod yn un ac yn dri ar yr un pryd?

PALU'N DDYFNACH

- **Genesis 1:26.** Pan wnaeth Duw greu y nefoedd a'r ddaear, mae'n cyfeirio ato'i hun yn y lluosog: 'Gadewch i *ni* wneud...'
- **Rhufeiniaid 8.** Darllena'r bennod gyfan i weld sut mae pob un o aelodau'r Drindod yn gweithio gyda'i gilydd er dy les.
- **2 Corinthiaid 13:14.** Mae Paul yn cloi un o'i lythyrau gyda gweddi i'r Tad, Mab ac Ysbryd.
- **Effesiaid 2:18.** Mae Paul yn sgwennu am sut mae'r Drindod yn cydweithio i'n hachub ni.
- **1 Ioan 4:16.** Cariad ydy Duw, a hyd yn oed cyn i Dduw greu y byd a'r bobl sydd ynddo, roedd tri pherson y Duwdod yn caru, ac yn cael eu caru.

BETH YDY'R GWIR AM DDIWEDD Y BYD?

Archwilio beth mae'r Beibl yn ei ddweud am ddiwedd y byd – a sut mae hynny'n effeithio ar y ffordd wyt ti'n byw nawr.

DECHRAU

Daeth ei ddisgyblion ato… a gofyn, '…Fydd unrhyw rybudd i ddangos i ni dy fod di'n dod, a bod diwedd y byd wedi cyrraedd?' (Mathew 24:3).
Wyt ti erioed wedi meddwl sut fydd y byd yn darfod… a beth fydd yn digwydd i ti?

MEDDWL

Heddiw rydyn ni'n meddwl am bwnc neis, hawdd i'w ddeall: diwedd y byd! Mae Hollywood wedi rhoi ffilmiau i ni sy'n dychmygu'r byd yn dod i ben pan fydd creaduriaid o'r gofod yn ymosod, neu pan fydd comed enfawr yn ein taro ni. Mae rhai crefyddau yn dysgu na fydd y byd yn dod i ben; a bod hanes, drwy broses o ailgylchu, yn mynd rownd mewn cylch am byth bythoedd.

Mae beth rwyt ti'n ei gredu am ddiwedd y byd yn dylanwadu ar sut wyt ti'n byw heddiw.

Felly mae wir yn bwysig fod ein syniadau am ddiwedd y byd yn dod o'r Beibl, a bod y weledigaeth o'r dyfodol sydd yn y Beibl yn siapio ein bywydau heddiw.

Beth mae'r Beibl yn ei ddweud, felly? Soniodd Iesu am y ffaith ei fod yn dod yn ôl i'r ddaear rywbryd yn y dyfodol. Mae Marc 13:26 yn dweud y bydd pobl yn gweld Mab y Dyn (Iesu) yn dod mewn cymylau gyda grym ac ysblander mawr.

Mae Datguddiad 21:1 yn dweud y bydd yna *"nefoedd newydd a daear newydd"* – ac mae'r gair 'newydd' yn golygu 'wedi ei adnewyddu', felly bydd y ddaear yma'n cael ei hadfer i sut y gwnaeth Duw hi'n wreiddiol. Mae Colosiaid 1:15-23 yn dweud fod Iesu wedi creu popeth, yn rheoli popeth ac yn mynd i gymodi popeth. Ystyr hynny ydy ei fod yn mynd i drwsio popeth oedd wedi ei sbwylio a'i dorri gan bechod, gan gynnwys y byd rydyn ni'n byw ynddo.

Mae'n siŵr mai dyna'r peth cyntaf i'w ddeall, felly – ein bod yn edrych ymlaen i ddyfodol pan fydd *y byd yn cael ei adfer*, pan fydd *Iesu'n dod yn ôl* a phan fyddwn *ni'n byw am byth gyda Duw*, yn ei bresenoldeb.

Mae hyn y golygu fod y gwyddonwyr sy'n proffwydo y bydd y byd yn cael ei ddinistrio'n llwyr gan ryw fath o ffrwydriad niwclear yn anghywir. Mae'n golygu, hefyd, fod rhaid i ni fod yn ofalus sut rydyn ni'n deall rhai darnau o'r Beibl. Pan ddarllenwn yn 2 Pedr 3:12, *"Dyna pryd fydd popeth yn yr awyr yn cael ei ddinistrio gan dân, a'r elfennau yn toddi yn y gwres"* – mae'n rhaid mai iaith ddarluniadol sydd yma, oherwydd rydyn ni'n gwybod y bydd yna fyd i Iesu ddod yn ôl iddo.

Beth mae'r Beibl yn ei ddweud wrthon ni am Iesu yn dod yn ôl? Beth fydd yn digwydd? Mae yna dri gair Groeg yn cael eu defnyddio yn y Testament Newydd i'w ddisgrifio.

Mae'r cyntaf: *'apokalypsis'* yn rhoi'r gair Saesneg 'apocalypse' i ni, ac mae'n golygu datguddiad dramatig, chwyldroadol. Mae'r ail: *'epiphaneia'* yn golygu dod â rhywbeth oedd yn guddiedig i'r golwg. Ac mae'r trydydd gair: *'parousia'* yn disgrifio y Duwdod yn cyrraedd. Felly pan fydd Iesu'n dod yn ôl bydd yn datguddio dyfodiad Duw yn ei holl ysblander i bawb drwy'r byd i gyd (Marc 13:26).

Fyddwn ni ddim yn ei fethu! Pan ddaeth Iesu i'r byd y tro cyntaf, roedd yn fwriadol yn ddigwyddiad y gwyddai ychydig iawn o bobl amdano; dim ond llond dwrn o fugeiliaid oedd yna pan gafodd ei eni. Fydd pethau ddim fel yna o gwbl yr ail waith – bydd yn ddigwyddiad anhygoel!

Pryd fydd Iesu'n dod yn ôl? Yn ôl Iesu ei hun, does neb yn gwybod pryd fydd yr ail-ddyfodiad yn digwydd, dim ond Duw ei hun (Marc 13:32). Felly, os bydd adroddiad yn y papurau newydd am rywun yn dweud fod y byd yn dod i ben ar ryw ddyddiad arbennig, gelli fod yn reit siŵr fod ganddyn nhw ddim clem! Dim ond Duw sy'n gwybod pryd fydd Iesu'n dod yn ôl.

Ond, dwedodd Iesu y dylen ni fyw fel petai o ar fin dod yn ôl unrhyw funud! Mae hynny'n golygu bod yn iawn gyda Duw, a byw yn gyfan-gwbl iddo fo. Rydyn ni'n edrych ymlaen i weld Iesu'n dod yn ôl i'r ddaear, ac iddo wneud pob peth yn newydd. Rydyn ni'n edrych ymlaen at gael byw yn ei bresenoldeb i dragwyddoldeb, yn llythrennol. Wyddon ni ddim pryd yn union fydd hynny'n dechrau, ond rhaid i ni fod yn barod ar ei gyfer heddiw!

GWNEUD

Petaet ti'n gwybod fod Iesu'n dod yn ôl i'r ddaear yfory, beth fyddet ti'n ei wneud heddiw i wneud pethau'n iawn gyda phobl eraill?

Falle y bydd o'n dod yn ôl fory, felly dos ati i ddelio gyda'r pethau yna heddiw!

GWEDDÏO

(Aros am eiliad i weddïo rhwng brawddegau)

Sut wyt ti'n teimlo am y syniad fod y byd yn dod i ben?

Falle dy fod ti'n ansicr a wyt ti'n mynd i fod gyda Duw i dragwyddoldeb? Os wyt ti wedi rhoi dy fywyd i Iesu, yna fe fyddi di, felly diolcha i Dduw am hynny.

Falle fod gen ti ofn? Siarada gyda Duw am yr ofnau yna a gofyn iddo roi ei gariad i ti yn ei le.

Falle dy fod ti'n poeni am bobl rwyt ti'n eu caru sydd ddim eto wedi dod i nabod Iesu? Gofynna i Dduw am gyfleon i rannu dy ffydd gyda nhw.

'Arglwydd, mae meddwl am ddiwedd y byd yn chwalu fy mhen. Diolch i ti fy mod i'n gallu trystio'r ffaith fod gen ti bopeth dan reolaeth. Rwyt ti'n gwybod pryd a sut fydd o'n digwydd. Diolch i ti dy fod wedi rhoi i mi addewid o fywyd tragwyddol gyda ti. Helpa fi i fyw heddiw fel petaet ti ar fin dod yn ôl fory. Yn enw Iesu. Amen.'

SIARAD

Sut mae trafod diwedd y byd yn gwneud i ti deimlo? Yn gyffrous? Yn ofnus? Yn ddryslyd? Pa gwestiynau sydd gen ti?

PALU'N DDYFNACH

- **Eseia 65:17-25.** Gweledigaeth Duw o'r greadigaeth newydd.
- **Ioan 14:1-3.** Mae Iesu yn paratoi lle i ni dreulio tragwyddoldeb hefo fo.
- **1 Thesaloniaid 4:16-17.** Mae'r Beibl yn dweud y byddwn ni'n cyfarfod Iesu yn yr awyr!
- **2 Timotheus 3:1-5.** Wrth i'r byd yma agosáu at ei ddiwedd, bydd llawer o bobl yn syrthio i bechu fwy a mwy; mae'r diwylliant yn mynd i fynd o ddrwg i waeth, nid gwella.
- **Datguddiad 22:12-21.** Geiriau olaf y Beibl.

BETH YDY'R GWIR AM Y NEFOEDD?

Ble fydda i'n mynd ar ôl marw?
Cael dealltwriaeth feiblaidd o'r nefoedd.

DECHRAU

Dŷn ni'n edrych ymlaen at y nefoedd newydd a'r ddaear newydd mae Duw wedi'i haddo, lle bydd popeth mewn perthynas iawn gydag e.
(2 Pedr 3:13).
Sut le wyt ti'n meddwl fydd y nefoedd?

MEDDWL

Gan dy fod ti bellach yn Gristion, mae dy dynged tragwyddol wedi newid! Ar ôl i ti farw, byddi'n treulio tragwyddoldeb yn y nefoedd.

Tybed sut mae hynny'n gwneud i ti deimlo? Os nad ydyn ni'n ofalus, gallwn gael ei hunain gyda syniadau od iawn am sut le ydy'r nefoedd. Dydy'r syniadau yna ddim fel arfer yn dod o'r Beibl, ond o syniadau pobl sy'n garedig falle, ond ddim yn llawer o help – fel pan wnaeth y gerbil farw: 'O, mae Twmsi bach bellach yn seren ddisglair yn yr awyr!' Neu o ffilmiau yn dangos cymylau, adenydd a thelynau; pobl mewn dillad gwynion a giatiau gyda pherlau drostyn nhw.

Felly beth yn union mae'r Beibl yn ei ddweud am y nefoedd? Mae'r Beibl yn sôn fwy am y nefoedd fel 'Duw yn teyrnasu' nac fel lle. Duw ydy Brenin y Nefoedd a ni ydy dinasyddion y nefoedd, a hynny nawr, nid dim ond pan fyddwn ni'n marw. Mae gan bob teyrnas ei diwylliant eu hun, yn dibynnu ar ei gwerthoedd a'i chyfreithiau. Y nefoedd ydy lle mae gwerthoedd fel cariad, heddwch, llawenydd, haelioni, caredigrwydd a chyfiawnder yn cael eu byw, a lle mae poen, afiechyd, dioddefaint, pechod a Satan wedi eu bwrw allan.

Gallwn ddechrau profi *y nefoedd ar y ddaear yma, nawr* – gweld ein ffrindiau yn dod yn Gristnogion, gweld pobl yn cael eu hiacháu, gweld cyfiawnder yn dod; gweld maddeuant yn cael ei rannu a'i dderbyn. Rydyn ni bob amser yn gwybod fod mwy i ddod, a dŷn ni'n edrych ymlaen ato yn ffyddiog wrth i ni fyw yma ar y ddaear. Mae Hebreaid 11:15-16 yn sôn am arwyr y ffydd yn yr Hen Destament, a sut roedden nhw i gyd yn dyheu am wlad well: un nefol.

Camgymeriad ydy meddwl fod Iesu wedi marw troson ni jest i'n cael ni i'r nefoedd. Buodd Iesu farw troson ni er mwyn i ni gael bywyd ar ei orau, a hynny'n dechrau yma, nawr, nid dim ond ar ôl i ni farw. Mae Iesu'n dweud yn Ioan 10:10: *"Dw i wedi dod i roi bywyd i bobl, a hwnnw'n fywyd ar ei orau."*

Sut le fydd y nefoedd? Gelli anghofio'r telynau, yr adenydd a'r cymylau gwynion! Dydy'r syniad ein bod ni'n 'dianc' o'r byd materol, sydd yn aflan ac yn llygredig, ac yn mynd i fyd 'ysbrydol' sy'n bur ac yn olau ddim yn Feiblaidd. Mae'r math yna o syniad yn mynd yn ôl i athronydd Groegaidd o'r enw Plato. Roedd o'n meddwl fod popeth dŷn ni'n ei brofi yma ar y ddaear yn rybish ac yn adlewyrchiad gwan iawn o sut ddylai bywyd fod yn y byd 'ysbrydol'. Roedd wedi hollti realiti yn ddau – y ddaear 'i lawr yma' oedd o'n ei alw yn Dir y Cysgodion, a gwirionedd ysbrydol 'draw acw' yn rhywle. Yr enw ar y safbwynt yna ydy deuoliaeth.

Mae'r Beibl, fodd bynnag, yn dysgu fod yr hyn sydd 'yma nawr' yn gorgyffwrdd gyda'r 'draw acw, bryd hynny'. Rydyn ni i fyw fel Cristnogion *gan lusgo'r dyfodol i'r presennol, a dod â rhannau o'r nefoedd* – fel maddeuant, iachâd a chariad – *i'r ddaear.*

Yn y diwedd, yn lle ein bod ni yn mynd i'r nefoedd, *mae'r nefoedd yn dod aton ni.* Mae Datguddiad 21:1 yn dweud y bydd yna nefoedd newydd a daear newydd lle bydd Duw yn dod i fyw gyda'i bobl. Mae'r gair 'newydd' yn golygu 'wedi ei adnewyddu'; bydd yn fyd ble bydd popeth wedi ei wneud yn iawn, fel roedd Duw wedi bwriadu'n wreiddiol. Dim mwy o dristwch, dim afiechyd, dim dioddefaint, dim pechod a dim marwolaeth. Bydd hynny mor wych!

Pan ddaeth Iesu yn ôl yn fyw ar ôl marw, roedd ganddo gorff atgyfodedig oedd yr un fath â'r hen gorff, ond hefyd yn wahanol. Gallai goginio pysgod a chael ei gyffwrdd, ond roedd fel petai'n cymryd mwy o amser i bobl ei nabod. Roedd o hefyd yn gallu ymddangos yn ddirybudd mewn ystafell heb ddod trwy'r drws! Gelli ddarllen am y peth yn Ioan 20:11-29. Dyna'r math o gorff fydd gynnon ni hefyd.

Felly, wnaeth Iesu ddim dod oddi wrth y Tad i fynd â ni i'r nefoedd, ond i ddod â'r nefoedd aton ni. Wnaeth o ddim dod i'n gwneud ni yn fwy ysbrydol, ond i'n gwneud ni yn ddynol yn ystyr lawnaf y gair: fel roedd Duw wedi bwriadu'n wreiddiol. Gallwn ddechrau profi hynny nawr, ond mae gynnon ni lot mwy i edrych ymlaen ato pan fyddwn ni'n treulio tragwyddoldeb gyda Iesu yn y nefoedd newydd a'r ddaear newydd.

GWNEUD

Meddylia pa mor gywir ydy dy syniad di o nefoedd. Falle dy fod wedi meddwl am le gyda chymylau ac angylion, yn hytrach na'r nefoedd newydd a'r ddaear newydd mae'r Beibl yn ei disgrifio. Os ydy hynny'n wir, pam wnei di ddim tynnu llun o sut roeddet ti'n ei ddychmygu. Yna rhwyga'r llun hwnnw, a thynnu llun neu ysgrifennu disgrifiad o sut le mae'r Beibl yn ei ddweud ydy'r nefoedd!

GWEDDÏO

(Aros am eiliad i weddïo rhwng brawddegau)

Treulia amser yn diolch i Dduw am y rhodd o fywyd tragwyddol mae wedi ei roi i ti.

Meddylia sut y byddet ti'n hoffi gweld y nefoedd yn dod i lawr yma ar y ddaear nawr. Siarada gyda Duw am y peth a gofyn i'w Ysbryd fod ar waith.

Dywed wrth Dduw sut wyt ti'n teimlo am y syniad o nefoedd a chael treulio tragwyddoldeb gydag o. Gelli fod yn gwbl onest. Gofynna i Dduw dy helpu i gael gweledigaeth o sut ddyfodol fydd hynny.

'Dduw'r Creawdwr, diolch fod gen ti'r gallu i adfer popeth sydd wedi ei sbwylio gan bechod. Dw i'n edrych ymlaen at ddyfodol gyda ti yn y nefoedd newydd a'r ddaear newydd. Rho nerth dy Ysbryd i mi i ddod â rhywbeth o'r nefoedd i lawr yma nawr, er mwyn i bobl weld sut un wyt ti a bod eisiau ymuno yn y cwbl. Yn enw Iesu. Amen.'

SIARAD

Sut wyt ti'n teimlo am y syniad o dreulio tragwyddoldeb gyda Iesu yn y nefoedd newydd a'r ddaear newydd?

PALU'N DDYFNACH

- **Ioan 14:1-4.** Mae Iesu'n addo mynd â ni adre i'w gartref.
- **1 Corinthiaid 15:50-58.** Mae Paul yn sôn am sut y byddwn ni'n cael ein newid pan ddaw Iesu yn ôl.
- **Effesiaid 2:6-7.** Byddwn ni'n teyrnasu gyda Iesu yn y nefoedd newydd a'r ddaear newydd.
- **Philipiaid 1:21.** Doedd gan Paul ddim ofn marw am ei fod yn gwybod y byddai hynny hyd yn oed yn well na byw!
- **Datguddiad 21:1-5.** Gweledigaeth Duw o'r nefoedd yn y dyfodol.

BETH YDY'R GWIR AM UFFERN?

Ydy uffern yn le go iawn?
Archwilio beth mae'r Beibl yn ei ddweud am uffern.

DECHRAU

Wnaeth Duw ddim hyd yn oed arbed yr angylion oedd yn euog o bechu yn ei erbyn. Anfonodd nhw i uffern, a'u rhwymo yn nhywyllwch dudew y byd tanddaearol i ddisgwyl cael eu cosbi. (2 Pedr 2:4).
Beth ydy'r gwir am uffern? Beth ydy uffern, ac i bwy mae uffern?

MEDDWL

Os ydy rhywun yn defnyddio'r gair 'diafol', pa ddelwedd sy'n dod i dy feddwl di? Yn aml iawn rydyn ni'n dychmygu'r diafol fel rhyw greadur coch gyda chyrn a chynffon, yn trin picfforch mae'n ei defnyddio i wthio pobl i uffern. Cafodd y diafol ei ddarlunio fel yna am y tro cyntaf yn y canol-oesoedd, pan oedd pobl nad yn gallu darllen, ac roedd artistiaid yn ceisio darlunio mor ddrwg oedd y diafol.

Mae llawer o bobl heddiw yn trin y diafol bron fel rhyw gymeriad cartŵn doniol. Ac eto, does dim amheuaeth fod *y diafol yn real*, ac yn hollol ddrwg. Gallwn anghofio am y cyrn, y bicfforch a'r croen coch, ond paid byth a gwneud y camgymeriad o gredu nad ydy o wir mor ddrwg â hynny. Mae'r Beibl yn ei alw yn *lofrudd* ac yn *gelwyddgi* yn Ioan 8:44, ac yn dweud ei fod fel *llew yn prowlan* am rywrai i ymosod arnyn nhw, yn 1 Pedr 5:8.

Rhaid i ni fod â dealltwriaeth aeddfed o sut un ydy'r diafol. Ac mae arnon ni angen dealltwriaeth glir o beth fydd tynged y diafol: uffern.

Does neb yn hoff iawn o feddwl neu siarad am uffern – ond y broblem ydy fod Iesu Grist ei hun *yn* siarad amdano. Doedd Iesu ddim jest yn siarad am realiti bywyd *gyda* Duw yn y nefoedd ar ôl i ni farw, roedd o hefyd mewn sawl lle yn siarad am fywyd *heb* Dduw yn uffern. Pan oedd o'n sôn am uffern, roedd o'n defnyddio nifer o wahanol ddarluniau neu drosiadau.

Yn Mathew 22:13 mae Iesu'n disgrifio uffern fel lle o *"dywyllwch"* lle bydd *"wylo chwerw ac artaith".* Yn Marc 9:48 mae Iesu'n disgrifio uffern fel lle *"dydy'r cynrhon ddim yn marw, a'r tân byth yn diffodd"* ynddo. Yn Mathew 10:28 mae Iesu'n dweud fod Duw yn gallu *"dinistrio'r person a'i gorff yn uffern."* Ac eto, yn Mathew 25:46 mae Iesu'n disgrifio uffern fel lle o *"gosb tragwyddol".* Tra yn Ioan 3:16 mae Iesu'n dweud y byddwch chi'n *"mynd i ddistryw"* os nad oes gynnoch chi fywyd tragwyddol gyda Duw. Mae rhai cyfieithiadau Saesneg yn defnyddio'r gair *"perish"* yma (sef *"darfod"*), ac mae pethau darfodedig yn peidio â bod yn y diwedd.

Felly, mae disgrifiadau Iesu yn achosi problemau i ni os ydyn ni'n ceisio eu cymryd yn llythrennol.

- Ydy uffern yn lle ble mae yna dân neu'n le o dywyllwch?

- Ydy uffern yn lle ble rydyn ni'n ymwybodol ac yn dioddef artaith dragwyddol, neu ar ôl cyfnod o ddioddef ydyn ni'n cael ein dinistrio yn y diwedd – yn peidio â bod?

Falle mai prif bwrpas dysgeidiaeth Iesu ydy rhoi gwybod i ni fod uffern yn real, ac yn bwysicach fyth, ein rhybuddio mewn cariad nad ydy o'n ddewis da i'w wneud mewn bywyd. Fod *bywyd heb Dduw yn uffern* – yn y bywyd yma a'r nesaf.

Mae'r Beibl hefyd yn ei gweud yn glir ar gyfer pwy gafodd uffern ei fwriadu. Mae Iesu'n dweud yn Mathew 25:41 fod y tân tragwyddol wedi ei baratoi i'r diafol a'i gythreuliaid. Felly, fydd y diafol ddim yn rheoli beth sy'n digwydd yn uffern ac yn arteithio pobl yno. Bydd y diafol a'i gythreuliaid yn cael eu dinistrio yn uffern pan fydd Iesu'n dod yn ôl.

Ond beth amdanon ni? Fydd pobl yn cael eu hanfon i uffern? Beth fydd yn digwydd iddyn nhw yno? Fyddan nhw'n cael eu dinistrio, neu eu harteithio yn dragwyddol?

Mae 2 Pedr 3:9 yn ein hatgoffa *nad ydy Duw eisiau i unrhyw un fynd i uffern.* Pobl sy'n dewis drostyn nhw eu hunain. Mae gan bawb y cyfle i ymateb i gariad Duw a'i faddeuant. Os ydyn nhw'n dewis rhoi eu bywydau i Dduw tra maen nhw ar y ddaear yma, byddan nhw'n treulio tragwyddoldeb gyda Duw. Ond mae'r bobl hynny sy'n gwrthod cariad a maddeuant Duw yn dewis tragwyddoldeb wedi eu gwahanu oddi wrth Dduw. Yn y pen draw, dyna beth ydy uffern – bod ar wahân i Dduw.

Mae gan Gristnogion safbwyntiau gwahanol am natur uffern – sef, ydy pobl yn dioddef yn dragwyddol yno, neu ydy pobl ar ryw bwynt yn cael eu dinistrio am byth. Fodd bynnag, mae'r rhan fwyaf o Gristnogion yn cytuno mai dim ond y bywyd hwn sydd gynnon ni i ddewis caru Duw – does dim ail gyfle.

Ond ddylai uffern ddim cael ei ddefnyddio fel tacteg i ddychryn pobl er mwyn eu cael nhw i'r nefoedd! Yn lle hynny, gadewch i ni ddweud wrth bobl mor wych ydy Duw a'u hannog nhw i ddewis derbyn ei gariad a'i faddeuant yn y bywyd hwn, ac yna treulio tragwyddoldeb gydag o yn y dyfodol.

GWNEUD

Meddylia am rywun wyt ti'n ei nabod sydd heb eto roi eu bywyd i Dduw. Gweddïa y bydd Duw yn rhoi cyfle i ti rannu'r newyddion da am Iesu gyda nhw. Yna dos allan a gwneud hynny!

GWEDDÏO

(Aros am eiliad i weddïo rhwng brawddegau)

Mae Iesu wedi gorchfygu marwolaeth ac uffern drwy ei farwolaeth a'i atgyfodiad.

Treulia amser yn ei foli am beth mae wedi ci wneud.

Treulia amser yn ei foli am beth mae'n mynd i'w wneud yn y dyfodol pan fydd yn gwneud pob peth yn newydd.

Treulia amser yn diolch iddo am roi'r cyfle i ti dreulio tragwyddoldeb gydag o.

'Arglwydd Iesu, dw i'n dy foli di dy fod wedi gorchfygu pwerau'r tywyllwch ar y groes. Rwyt ti wedi rhoi bywyd i mi, a dyfodol gyda ti. Helpa fi i rannu y newyddion da rhyfeddol yma gyda phobl sydd ddim yn dy nabod di, er mwyn iddyn nhw gael cyfle i ymateb i gariad Duw. Amen.'

SIARAD

Beth wyt ti'n feddwl am uffern?
Beth wyt ti wedi ei glywed am uffern?

PALU'N DDYFNACH

- **Mathew 10:28.** Nid artaith ydy'r gwrthwyneb i fywyd tragwyddol, ond dinistr tragwyddol. Mae Iesu, yn llawen ac yn daer, yn cynnig y cyntaf i ni.
- **Luc 16:19-31.** Mae Iesu yn adrodd stori am ddyn yn cael ei boenydio yn uffern – wyddon i ddim os ydy hwn yn ddarlun llythrennol, ond mae'r neges am ein ffordd o fyw yn glir.
- **Luc 23:32-43.** Hyd yn oed ym munudau olaf bywyd, mae Iesu'n rhoi cyfle i rywun ddewis ei ddilyn o a chael mynd i baradwys.
- **2 Pedr 3:9.** Mae'n ein hatgoffa nad ydy Duw eisiau i neb gamu i mewn i dragwyddoldeb heb ddod i'w nabod o.
- **Datguddiad 20:10.** Mae'n dweud wrthon ni lle bydd y diafol yn mynd yn y diwedd.

DIWRNOD 41

BEDYDD

Beth ydy bedydd? Pam ydyn ni'n gwneud hyn?

DECHRAU

Pan mae rhywun yn dod yn Gristion, mae wedi'i greu yn berson newydd: mae'r hen drefn wedi mynd! Edrychwch, mae bywyd newydd wedi cymryd ei le! (2 Corinthiaid 5:17).
Ond beth elli di ei wneud i ddangos fod hyn yn real i ti?

MEDDWL

Heddiw rydyn ni'n meddwl am fedydd. Falle dy fod wedi bod mewn bedydd rywbryd, ond rhag ofn nad wyt ti, gwell i ni esbonio beth ydy bedydd. Mae'n seremoni sy'n digwydd fel arfer yn ystod gwasanaeth o addoliad mewn capel neu eglwys, ac mae'n defnyddio dŵr!

Mae rhai eglwysi yn bedyddio babanod, ac yn taenellu ychydig ddŵr ar eu pennau. Mae eglwysi eraill sydd yn bedyddio plant hŷn, pobl ifanc ac oedolion yn unig, ac mae rhai o'r rheiny yn gwneud hynny drwy'r hyn sy'n cael ei alw yn 'fedydd trochiad'. Mae'r person sy'n cael ei fedyddio yn cael ei roi'n gyfan gwbl o dan y dŵr, ac yna'n cael ei godi ar ei draed yn wlyb ddiferol!

Felly beth mae bedydd yn ei olygu, a pam bod pobl yn ei wneud?

Ffordd o gael eich derbyn i fod yn rhan o'r eglwys ydy bedydd; croesawu aelodau newydd a dweud eu bod bellach yn *perthyn i deulu'r eglwys.*

Mae bedydd hefyd yn gam pwysig o *ufudd-dod* i Iesu. Pan adawodd Iesu ei ddisgyblion ar ôl yr atgyfodiad, rhoddodd y gorchymyn yma iddyn nhw yn Mathew 28:19: *"Ewch i wneud pobl o bob gwlad yn ddisgyblion i mi, a'u bedyddio nhw fel arwydd eu bod nhw wedi dod i berthynas â'r Tad, a'r Mab a'r Ysbryd Glân".*

Cafodd Iesu ei hun ei fedyddio i roi esiampl i ni. Mae Marc 1:9 yn dweud y stori am Iesu yn cael ei fedyddio yn yr Afon Iorddonen gan ei gefnder, Ioan. Os oedd o ddigon da i Iesu, dylai fod ddigon da i ni!

Mae bedydd yn y Testament Newydd bob amser yn ddigwyddiad cyhoeddus iawn. Mae Actau 2:41 yn dweud fod 3,000 o bobl wedi eu bedyddio ar ôl Dydd y Pentecost! Felly mae bedydd yn ffordd o *ddatgan dy ffydd yn gyhoeddus* o flaen dy ffrindiau a'th deulu, i ddangos iddyn nhw gymaint mae dy ymroddiad i Iesu yn ei olygu i ti.

Fel arfer mewn bedydd, mae yna gyfle i'r person sy'n cael ei fedyddio rannu eu tystiolaeth: dweud sut ddaethon nhw yn Gristion a beth mae Duw wedi ei wneud yn eu bywydau. Falle fod hynny'n swnio'n beth reit frawychus i'w wneud, ond yn aml iawn mae Duw yn defnyddio hyn i arwain pobl eraill i'w nabod. Mae'n golygu hefyd dy fod yn gallu edrych yn ôl pan mae pethau'n anodd, cofio dy fod wedi gwneud safiad dros Dduw o flaen pobl eraill, a dal gafael yn yr addewidion roddodd Duw i ti bryd hynny.

Mae bedydd, felly, yn arwydd o berthyn, ufudd-dod a thystiolaeth gyhoeddus. Mae yna ddau beth pwysig iawn sy'n cael eu darlunio drwy'r dŵr yn y bedydd. Yn union fel mae cael bath yn ein gwneud ni'n lân yn gorfforol, mae bedydd yn ddarlun gwych fod Iesu wedi ein golchi o'n pechodau a'n gwneud yn *lân yn ysbrydol.*

Mae bedydd hefyd yn ddarlun o'r ffaith ein bod yn *marw i'n hen ffordd o fyw – marw i bechod a hunanoldeb – ac yna cael ein codi i fyny yn greadigaeth newydd.* Mae Rhufeiniaid 6:4 yn dweud: *"Wrth gael ein bedyddio, cawson ni'n claddu gydag e, am fod y person oedden ni o'r blaen wedi marw. Ac yn union fel y cafodd y Meseia ei godi yn ôl yn fyw drwy nerth bendigedig y Tad, dŷn ninnau hefyd bellach yn byw bywydau newydd."* Mae bedydd trochiad yn ddarlun clir o hynny. Mae'r person sy'n cael ei fedyddio yn mynd i lawr o dan y dŵr... a petaen nhw'n aros yno bydden nhw'n marw! Ond yna maen nhw'n cael eu codi i fyny o'r dŵr eto, fel symbol o gael eu codi i fywyd gyda Iesu.

Felly, nid yw bedydd yn sôn am berthyn, ufudd-dod a gwneud safiad cyhoeddus dros Iesu yn unig; mae hefyd yn ddarlun ohonon ni'n cael ein golchi'n lân o'n pechod, ac o'r bywyd newydd sy'n dechrau yng Nghrist. Mae'n beth rhyfeddol i'w wneud!

Mae eglwysi yn dathlu bedydd mewn gwahanol ffyrdd. Os ces ti dy fedyddio'n blentyn, roedd dy deulu yn gwneud datganiad o ffydd eu bod yn disgwyl i ti ddilyn Iesu wrth dyfu'n hŷn. Mae hyn yn cael ei alw yn ddiwinyddiaeth gyfamodol: y gred y bydd Duw yn achub cenedlaethau i ddod o bobl sy'n ei nabod a'i garu. Os cest ti dy fedyddio pan yn fabi bach, yna mae'n debyg y gelli gael dy dderbyn yn dy eglwys pan wyt yn dy arddegau neu'n oedolyn. Mae'n ffordd o ddweud dy fod ti dy hun yn arddel yr addewidion gafodd eu gwneud ar dy ran pan oeddet ti'n fabi.

Mae cael dy fedyddio yn beth gwych i'w wneud, ac yn rhywbeth fyddi di byth yn edifar amdano.

GWNEUD

Siarada gyda rhywun yn dy eglwys i ddarganfod beth ydy'r broses yn arwain i fedydd ganddyn nhw. Os wyt ti'n teimlo fod Duw yn dy arwain i gael dy fedyddio, yna siarada gyda rhywun wyt ti'n ei drystio i drafod y peth ymhellach, a darganfod beth wyt ti angen ei wneud.

GWEDDÏO

(Aros am eiliad i weddïo rhwng brawddegau)

Ceisia ddod o hyd i rywle i fod yn dawel. Anadla'n ddwfn a bod yn llonydd ar y tu mewn hefyd.

Meddylia beth wyt ti wedi ei glywed am fedydd. Dywed wrth Dduw sut wyt ti'n teimlo am y peth. Yna gofynna i Dduw ddangos i ti a ydy o eisiau i ti gael dy fedyddio, neu gael dy dderbyn yn aelod o eglwys i ddangos dy ymroddiad iddo yn gyhoeddus.

Falle na fyddi di'n teimlo unrhyw beth i ddechrau, ond gelli fod yn siŵr y bydd Duw yn dangos yn glir i ti a ydy o eisiau i ti gael dy fedyddio ai peidio.

'Iesu, diolch i ti am bopeth rwyt ti wedi ei wneud yn fy mywyd, yn rhoi bywyd newydd i mi, fy ngolchi yn lân, a rhoi nerth i mi fyw i ti. Diolch i ti fod bedydd yn ffordd o ddangos fy ymroddiad i ti. Helpa fi i fod yn ufudd i beth bynnag wyt ti'n fy ngalw i i'w wneud. Amen.'

SIARAD

Wyt ti angen cael dy fedyddio?

PALU'N DDYFNACH

- **Marc 1:9-11.** Pan mae Ioan yn bedyddio Iesu, mae'n foment anarferol, sanctaidd.
- **Actau 9:18** Roedd Saul yn ddyn oedd yn erlid y Cristnogion cyntaf. Ond yna, dyma fo'n cyfarfod Iesu, newid ei enw i Paul ac ysgrifennu'r rhan fwyaf o'r Testament Newydd! Cafodd ei fedyddio i ddangos ei ymroddiad i Iesu.
- **Actau 16:16-34.** Swyddog y carchar a'i deulu cyfan yn cael eu bedyddio pan mae Duw yn rhyddhau Paul a Silas o'r carchar.
- **Rhufeiniaid 6:3-6.** Paul yn esbonio beth sy'n digwydd pan gawn ein bedyddio; mae'r person oedden ni o'r blaen yn marw, ac rydyn ni'n cael ein codi yn ôl yn fyw gyda Christ!
- **Galatiaid 3:26-28.** Mae Paul yn son am fedydd yn arwain i undod, ac yn dangos ein bod ni i gyd yn blant i Dduw.

DIWRNOD 42

DAL I DYFU

Ymrwymo i gael MOT rheolaidd ar ein taith yn dilyn Iesu.

DECHRAU

Archwilia fi, Arglwydd; gosod fi ar brawf! Treiddia i'm meddwl a'm cydwybod. Dw i'n gwybod mor ffyddlon wyt ti – a dyna sydd yn fy ysgogi i fynd ymlaen. (Salm 26:2-3)
Wyt ti'n iach, ar y tu mewn a'r tu allan?

MEDDWL

Bydden ni i gyd yn elwa o gael *asesiad ysbrydol*: archwiliad bwriadol o'n *corff, meddwl* ac *ysbryd* i weld sut rydyn ni'n dod ymlaen gyda Duw. Wrth gwrs, mae angen yr arfer o weddïo'n gyson: siarad gyda Iesu, cyffesu beth dŷn ni wedi ei wneud o'i le a gofyn am faddeuant. Ond mae'n help mawr, hefyd, i *roi heibio amser unwaith y flwyddyn i eistedd i lawr ac archwilio'n bywydau.* Mae archwiliad rheolaidd yn helpu i ddarganfod beth sy'n ein dal ni'n ôl a'n galluogi i ddelio gyda'r peth hwnnw. Gall fod yn syniad i ti wneud hyn hefo ffrind, neu hefo dy fentor.

Mae Rhufeiniaid 12:1-2 yn lle da i ddechrau. Mae'n dweud: *"Dw i'n apelio arnoch chi i roi eich hunain yn llwyr i Dduw. Cyflwyno eich hunain iddo yn aberth byw – un sy'n lân ac yn dderbyniol ganddo. Dyna beth ydy addoliad go iawn! O hyn ymlaen rhaid i chi stopio ymddwyn yr un fath â phobl sydd ddim yn credu. Gadewch i Dduw newid eich bywyd chi'n llwyr drwy chwyldroi eich ffordd o feddwl am bethau. Byddwch yn gwybod wedyn beth mae Duw eisiau, ac yn gweld fod hynny'n dda ac yn ei blesio fe, ac mai dyna'r peth iawn i'w wneud."*

Felly rhaid i ni gyflwyno'n hunain yn llwyr i Dduw; gosod ein bywydau o dan y llifoleuadau a gofyn i Dduw ddangos i ni beth mae angen delio hefo nhw. Yna rydyn ni i fod yn aberth byw, nid aberth un waith yn unig fel yn yr Hen Destament. Rhaid i ni ddal ati i roi ein bywydau i Dduw: felly beth am ymrwymo i wneud hyn unwaith y flwyddyn – ar dy ben-blwydd falle, neu ar Ionawr 1af, i dy helpu i gofio?

Mae Paul yn dweud yn llythrennol fod rhaid i ni *gyflwyno ein cyrff* yn aberthau byw, felly mae'n syniad da meddwl am y gwahanol rannau o'n corff a beth sydd angen ei glirio allan a'i lanhau. Meddylia am y pethau rwyt ti wedi eu gwneud dros y flwyddyn dwetha: y lleoedd rwyt ti wedi bod, y pethau rwyt ti wedi ymdrin â nhw a'r arferion rwyt ti wedi eu mabwysiadu. Wyt ti'n gallu meddwl am rywbeth nad yw'n plesio Duw? Dywed wrtho am y peth, a gofyn iddo dy drawsffurfio drwy ei Ysbryd.

Yna mae Paul yn dweud ein bod i adael i Dduw newid a chwyldroi *ein ffordd o feddwl.* Mae'n hawdd iawn i'n meddyliau gael eu drysu gan atgofion drwg, meddyliau negyddol a stwff gwael arall rydyn ni wedi ei weld neu ei glywed.

Mae cymryd amser i weddïo drwy'r meddyliau negyddol, a dewis llenwi ein meddyliau â gair Duw, a gofyn i rywun weddïo ar i ni gael iachâd o'r atgofion drwg i gyd yn helpu i adnewyddu'r meddwl. Rydyn ni hefyd angen i'n cydwybod gael ei glanhau a'i hadnewyddu. Yn Datguddiad 12:10 mae Satan yn cael ei alw yn 'gyhuddwr' – yr un sy'n cyhuddo pobl Dduw. Mae o drwy'r adeg yn ceisio gwneud i ni deimlo'n euog, a dan gondemniad.

Bydd cymryd amser i archwilio ein cydwybod, a gofyn am faddeuant Duw, yn ein helpu ni i weld fod cyhuddiadau Satan yn ffals.

Mae archwiliad fel yma yn dod â gwahanol bethau i'r golwg mae'n rhaid i ti weithio arnyn nhw, neu leoedd lle dwyt ti ddim wedi dilyn Iesu mor agos ag y gallet ti.

Paid cael dy dwyllo i feddwl dy fod wedi methu neu nad wyt yn ddigon da. Cymer y cyfle i osod nod neu ddau i ti dy hun fydd yn dy helpu i dyfu yn dy berthynas â Iesu.

Er enghraifft, os ydy'r archwiliad yn dangos dy fod ti angen treulio mwy o amser yn darllen y Beibl, falle y gallet ti benderfynu, am y pedair wythnos nesa, ddarllen un bennod o Mathew bob dydd ac ysgrifennu un peth sy'n dy daro di am y bennod honno.

Dyna i ti enghraifft wych o beth sy'n cael ei alw yn Saesneg yn *'SMART goal'* – nod sydd yn *benodol (Specific)*, nid yn amwys; *Mesuradwy (Measurable)*, fel dy fod yn gwybod os wyt wedi ei tharo; *Cyraeddadwy (Achiveable)*, yn lle bod yn rhy eithafol; *Perthnasol (Relevant)* i ti a beth ydy dy ddiddordebau, ac *Amserol (Time-related)*, sef gwneud rhywbeth am gyfnod penodol o amser.

Bydd hyn i gyd yn datblygu dy gymeriad, sy'n golygu y byddi'n tyfu ychydig bach yn debycach i Iesu. Erbyn i'r archwiliad blynyddol nesaf gyrraedd, byddi'n gallu gwthio am fwy. Felly cymer amser i archwilio dy fywyd, gosod nod neu ddwy i ti dy hun ar gyfer y flwyddyn sydd o'th flaen, a mwynhau gwthio dy ffiniau!

GWNEUD

Y sialens heddiw ydy penderfynu pryd wyt ti'n mynd i wneud archwiliad ysbrydol a chyda phwy rwyt ti'n mynd i'w wneud. Wrth i ti gyrraedd diwedd **42**, byddai'n gyfle da i ti edrych yn ôl ar sut mae pethau wedi mynd.

Dewisa rhywun rwyt ti'n ei drystio – rhywun rwyt ti'n gallu bod yn gwbl onest gyda nhw. Siarada gyda'r person yna am sut rwyt ti'n mynd i wneud dy archwiliad ysbrydol. Yna rho ddyddiad yn dy ddyddiadur.

GWEDDÏO

(Aros am eiliad i weddïo rhwng brawddegau)

Wrth baratoi dy hun i wneud archwiliad ysbrydol, treulia ychydig amser yn atgoffa dy hun gymaint mae Duw yn dy garu. Does dim byd yn mynd i wneud i Dduw dy garu di lai; a does dim byd yn mynd i wneud iddo dy garu di fwy.

Gwahodda Ysbryd Duw i ddechrau gweithio yn dy galon, a dod â'r pethau hynny mae Duw eisiau i ti ddelio gyda nhw i'r golwg.

Gofynna i Dduw fendithio'r person sy'n mynd i dy helpu i wneud yr archwiliad ysbrydol. Gofynna iddo dy helpu i fod yn gwbl onest wrth rannu gyda'r person yma, ac y bydd Duw yn ei ddefnyddio i dy helpu i glosio'n agosach ato.

'Diolch i ti Arglwydd am dy gariad dwfn tuag ata i – cariad sydd byth yn newid nac yn methu. Beth bynnag fydda i'n ei wneud, bydda i bob amser yn blentyn i ti. Dw i'n dy wahodd di, Arglwydd, i weithio yn fy nghalon a dangos i mi'r pethau hynny mae'n rhaid i mi ddelio hefo nhw, er mwyn i mi allu dy ddilyn di yn fwy ffyddlon. Yn enw Iesu. Amen.'

SIARAD

Beth wyt ti'n feddwl o'r syniad o archwiliad ysbrydol?

PALU'N DDYFNACH

- **Galatiaid 4:8-20.** Mae Paul yn poeni am yr eglwys yma sy'n llithro yn ôl yn y ffydd; defnyddia hyn i dy ysbrydoli i beidio gwneud yr un peth. Yn lle hynny, gosod nod i ti dy hun i 'fywyd y Meseia gael ei weld yn dy fywyd di'.
- **Effesiaid 6:10-18.** Defnyddia ddisgrifiad Paul o'r arfwisg mae Duw'n ei rhoi fel rhywbeth i fesur dy hun yn ei erbyn.
- **Philipiaid 1:4-6.** Mae Duw wedi dechrau gweithio ynot ti – i dy wneud di'n debycach i Iesu – ac mae eisiau gorffen y job.
- **Hebreaid 10:22-23.** S'dim ots sut wyt ti wedi gwneud yn ystod y flwyddyn aeth heibio, gelli ddod at Dduw yn hyderus, gan wybod ei fod yn dy garu ac yn maddau i ti.
- **Hebreaid 12:1-3.** Mae'r awdur yn cymharu'r bywyd Cristnogol i ras mae'n rhaid ymarfer ar ei chyfer.

LLONGYFARCHIADAU! RWYT TI WEDI CWBLHAU 42!
Pam ddim mynd trwyddo unwaith eto, gan dreulio mwy o amser yn darllen, deall a chymhwyso'r darlleniadau 'DOS YN DDYFNACH'? Gallet ti fynd trwyddo gyda dy fentor newydd... neu dy ddisgybl newydd!

Mae gig (Gobaith i Gymru) yn:

* helpu'r eglwysi i **rannu'r newyddion da** am Iesu Grist yn y Gymru Gymraeg
* **annog a galluogi Cristnogion ifanc** sy'n siarad y Gymraeg i wasanaethu Iesu a thyfu yn y ffydd.

Dos i wefan gig – www.gobaith.cymru

* Powerpoints o **ganeuon addoli cyfoes** ac emynau traddodiadol. Mae yna ganeuon addoli gwreiddiol Cymraeg hefyd, gyda thaflenni cerddoriaeth a ricordiad MP3.
* gig sydd hefyd yn gyfrifol am wefan **beibl.net**.
* **Adnoddau i eglwysi ac ysgolion**, a help i ddeall y Beibl yn well.

facebook.com/Beiblnet
Pam ddim ymuno â grŵp Facebook, neu 'hoffi' dudalen Facebook beibl.net?

@beibl_net
Gelli ddilyn beibl.net ar Twitter hefyd a derbyn adnod y dydd

beibl.net ar YouTube
Mae dros 130 o ffilmiau Cymraeg ar sianel YouTube beibl.net, gan gynnwys "Darllen y Beibl gyda Ben" – cyflwyniadau i wahanol lyfrau'r Beibl.

Cynlluniau darllen y Beibl, Instagram, gwrando ar beibl.net yn cael ei ddarllen ar Soundcloud – a mwy!

Cyngor Ysgolion Sul

Sefydlwyd Cyngor Ysgolion Sul fel partneriaeth rhwng pum enwad yng Nghymru, a hwy trwy'r Cyngor sy'n cyd-lynnu'r gwaith.
Y partneriaid hynny yw:

- Eglwys Bresbyteraidd Cymru
- Undeb Bedyddwyr Cymru
- Undeb yr Annibynwyr Cymraeg
- Yr Eglwys Fethodistaidd
- Yr Eglwys yng Nghymru

Yn ogystal â chyflogi gweithiwr llawn amser mae gan Cyngor Ysgolion Sul nifer o **baneli gwaith** sy'n llywio'r gwaith.

Ymhlith cyfrifoldebau y gweithwyr a'r paneli rydym yn amcanu i gyflawni'r canlynol:

- Cyhoeddi ystod eang o **adnoddau Cristnogol** ar gyfer y cartref, ysgol ac Ysgol Sul a'r eglwys

- Cyhoeddi **gwerslyfrau** i blant a ieuenctid fel rhan o gynllun dysgu pwrpasol

- Cynnal **nosweithiau adnoddau** ledled Cymru ar gychwyn tymor newydd yr YS i hybu adnoddau newydd

- Paratoi **deunyddiau addoliad** Cymraeg ar gyfer eglwysi Cymru

- Cyd-lynu gwefan gwersi ysgol Sul am ddim **www.AmserBeibl.org**

- Cynnal **canolfan adnoddau Cristnogol** yn y Gymraeg – gan gynnwys cynhyrchu catalog, cynnal gwefan, a chynnig gwasanaeth drwy'r post

- Cynnal **arddangosfeydd adnoddau** llyfrau Saesneg ym maes gwaith plant ledled Cymru

- **Rhwydweithio** a 'bod yn lais o Gymru' yn y fforwm Prydeinig (CGMC) ac Ewropeaidd (ECCE) ym maes gwaith plant

- Cynnal **stondin adnoddau yn y prif wyliau** cenedlaethol Cymreig gan gynnwys yr Eisteddfod Genedlaethol a'r Urdd, a'r Sioe Frenhinol

- **Paratoi maes llafur/esboniad Ysgol Sul** blynyddol ar gyfer yr oedolion, gan ofalu bod nodiadau wythnosol yn y papurau enwadol

- Trefnu **Sul Addysg** blynyddol i roi sylw ac annog bobl i weddïo dros addysg Gristnogol

- Cyhoeddi **cynlluniau hyfforddiant i athrawon** ysgol Sul

- **Cydweithio gyda'r enwadau** i ofalu bod yr eglwysi a'r Ysgolion Sul yn derbyn y wybodaeth ddiweddaraf am weithgarwch plant

Am fwy o wybodaeth ewch i
www.ysgolsul.com
facebook.com/ysgolsul

Cyhoeddiadau'r Gair

Mae **Cyhoeddiadau'r Gair** yn gwmni cyhoeddi o dan adain Cyngor Ysgolion Sul ac Addysg Gristnogol Cymru; elusen sy'n cynrychioli'r prif enwadau Cymraeg yng Nghymru. Sefydlwyd y Cyngor ym 1966 i hyrwyddo gwaith yr ysgolion Sul drwy gyfrwng y Gymraeg, a sefydlwyd Cyhoeddiadau'r Gair ym 1992, gyda'r bwriad o gyhoeddi a hyrwyddo llyfrau Cristnogol Cymraeg. Erbyn hyn mae wedi cyhoeddi dros 700 o deitlau Cymraeg a dros miliwn o lyfrau mewn print.

Mae yna raglen lawn o gyhoeddi cyson gan y wasg, gyda dros 40 o deitlau yn cael eu cyhoeddi yn flynyddol. Mae'r gwaith yn cael ei gyfarwyddo gan Banel Cyhoeddi sy'n cyfarfod yn rheolaidd, sy'n cynnwys cynrychiolwyr o'r holl enwadau sy'n rhan o'r Cyngor, ac yn cael ei reoli o ddydd i ddydd gan Aled Davies, Cyfarwydwr y Wasg. Mae cydweithio agos iawn gyda Cyngor Llyfrau Cymru, a hwy sy'n gyfrifol am ein marchnata a dosbarthu. Rydym hefyd yn derbyn grantiau ganddynt ar gyfer awduron, golygyddion, cysodi a chynhyrchu.

Ymhlith yr arlwy rydym yn anelu i gyhoeddi llyfrau lliw i blant a ieuenctid, llyfrau lliwio a posau, Beiblau lliw ar gyfer pob oed, llyfrau gweddi a gwasanaethau, deunydd ar gyfer clybiau plant a ieuenctid, ynghyd â llawlyfrau hyfforddiant i athrawon Ysgol Sul. Y prif flaenoriaeth fodd bynnag yw gofalu bod gwerslyfrau addas i blant, ieuenctid ac oedolion Cymru, ac mae yna Banel Gwerslyfrau yn cyfarwyddo'r gwaith hwnnw hefyd.

Yn ogystal â chyhoeddi llyfrau mae dewis eang o gardiau Nadolig, cardiau cyfarch Cristnogol a chardiau bugeiliol arbennigol ar gael.

Byddwn hefyd yn cyhoeddi taflenni a phosteri lliw ar gyfer yr eglwys a'r Ysgol Sul ac anrhegion i blant – mygiau, beiros, waledi, pensiliau a llawer mwy.

Mae gan y Wasg banel cyhoeddi sy'n cyfarfod yn rheolaidd i drafod ein rhaglen gyhoeddi flynyddol.

Am fwy o wybodaeth ewch i
www.ysgolsul.com
facebook.com/CyhoeddiadaurGair

Saint y Gymuned

- Adnoddau ardderchog i weddu eich grŵp
- Arweinwyr profiadol gallwch ymgynghori
- Cyfleoedd i gymryd rhan mewn cenhadaeth dramor
- Byddwn yn eich helpu i gyrraedd pobl ifanc yn eich cymuned
- Gweithio gyda'r eglwys gyfan yng nghymru
- Partneriaethau gwych gyda sefydliadau eraill ar draws cymru
- Gwyliau gwych ar gyfer eich pobl ifanc
- Ddigwyddiadau cyffrous ar gyfer pob oedran
- Cyfleoedd i bobl ifanc hŷn i wasanaethu
- Adnoddau ardderchog i weddu eich grŵp
- Hyfforddiant lleol i baratoi eich tîm
- Cymorth a chyngor i arweinwyr
- Cyfleoedd i gyfarfod ag eraill mewn sefyllfaoedd fel eich un chi
- Syniadau creadigol ar gyfer gwaith ysgol
- Cymuned sy'n gofalu ac yn gweddïo ar eich cyfer
- Syniadau ar gyfer ymgysylltu creadigol gyda duw
- Adnoddau mentora hawdd-i-ddefnyddio

EIN GWELEDIGAETH AR GYFER 2020

Gyda Chomisiwn Mawr Iesu Grist yn ysbrydoliaeth, mae holl hanfod Saint y Gymuned wedi'i wreiddio ym model 111 mlwydd oed y Croesgadwyr, sef arweinwyr gwirfoddol yn casglu pobl ifanc at ei gilydd mewn grwpiau ac yn eu caru, eu gwneud yn ddisgyblion a'u lansio nôl i'r byd i wneud gwahaniaeth dros Grist.

Mae pobl ifanc yn chwilio'n daer am gymuned, ymdeimlad o berthyn ac am antur go iawn yn hytrach na rhithwir. P'un ai eu bod yn ymwybodol ai peidio, mae pobl ifanc yn crefu am y pwrpas a'r cariad na all neb ond Iesu ei gyflawni.

"Felly ewch i wneud disgyblion..." Mathew 28:19

BLAENORIAETHAU EIN GWELEDIGAETH

Ein cred ydy bod cael pobl ifanc i gyfarfod mewn grwpiau wythnosol a bod yng nghwmni'i gilydd ar wersylloedd, yn ddull grymus i newid bywydau ac addysgu pobl ifanc. Rydyn ni am i bob person ifanc yn y DU ac Iwerddon gael y cyfle i ymwneud â grwpiau Cristnogol safonol – yn enwedig y 95% fase byth yn mynd i eglwys.

Fe wnawn ni ddatblygu grwpiau newydd dan arweiniad gwirfoddol ledled y DU ac Iwerddon, oddi fewn ac oddi allan i'r Eglwys, gyda chefnogaeth gwersylloedd gwych, arweinwyr gwych, adnoddau gwych.

Ein cred ydy mai Energize dylai fod yn brif adnodd gwaith Cristnogol plant ac ieuenctid yn y DU, Iwerddon a thu hwnt. Gyda grwpiau, ysgolion ac arweinwyr ymhob man yn fodlon talu am a thanysgrifio i lwyfannau digidol.

Fe ymdrechwn ni i gael yr effaith a'r elw mwyaf allan o Symbylu; gan ddatblygu deunyddiau ar gyfer ysgolion, estyn allan a grwpiau tu allan i'r DU ac Iwerddon.

Ein cred ydy y dylai Saint y Gymuned fod yn le o berthyn i bobl ifanc ac arweinwyr – yn berchen ar hunaniaeth glir, angerddol dros Iesu a mudiad Saint y Gymuned.

Fe wnawn ni greu ymdeimlad clir o berthyn a hunaniaeth; mae 'Bod yn un o Saint y Gymuned' yn golygu eich bod yn perthyn. Mudiad cynhwysol ydyn ni, sy'n credu yn lles pawb.

Am wybod mwy – neu am ymuno'n syth?
Ewch i www.saintygymuned.org